MYNAVI BUNKO

増補新版

人生がうまくいく!

「動じない心」の作り方

植西 聰 著

JN109335

マイナビ

はじめに

大晦日、どこのお寺でも除夜の鐘を一〇八回つきます。

なぜ、一〇八回もつくのか、ご存知ですか。それは人を悩ませたり、苦しませたり、悲しませたりすることを仏教用語で煩悩というのですが、これが一〇八個もあることが関係しています。

要するに、新しい年にそれらにわずらわされないように……という願いをこめて除夜の鐘をつくのです。

実際、日々の生活を振り返ってみると、私たちは煩悩に囲まれて生きているといっても言い過ぎではないでしょう。

仕事で大きなミスをしてしまった……、上司との関係がうまくいかない……、給料が安くて欲しいモノが買えない……、恋人と別れた……、子供が言うことをきいてくれない……等々、つらいこと、悲しいこと、苦しいことだらけです。

とくに近年は新型ウイルスが流行ったり、気候変動があったり、戦争が起こるなど、世界的に見ても、将来の予測がつかない混とんとした時代です。
これでは、誰でも心が乱れ、動じるのは当たりまえです。

そんなときは、何事にも動じない心で困難を乗り越え、明るく、元気に、たくましく生きていくことが大切になってくると思います。

では、どうすれば、動じない心を養うことができるのか。そのための方法を仏教の教えなどを多く取り入れながら、解説したのが本書です。

つらいこと、悲しいこと、苦しいこと、不快なことがあったとき、三分でも五分でもいいので、本書をめくるようにしてください。そのたびに平常心が少しずつ取り戻せるはずです。

どんよりとした曇った心に陽が射すことを願っています。

「動じない心」があれば幸せになれる

人は「心」を持っています。

当たり前のことを言うようですが、この心は生きています。

生きているから、ときには動揺したり、落ち込んだり、喜んだり、舞い上がったり、緊張したり、悲しんだり、恐怖でおののいたり、怒ったりと、様々な反応を示します。


世の中に出ると、苦しいことがたくさんあります。

泣き叫びたくなるときもあります。

恥ずかしい経験もするでしょう。

そんなときに、いかにして、何事にも動じない心で困難を乗り越え、たくましく生きていくか。

また、明るく、元気に、前向きに、夢や願望の実現のために突き進んでいくか。

その方法をちゃんと心得ていて、問題が起こったときには、誰かに甘えるのではなく、ちゃんと自分で解決できるのが、いわば大人の生き方なのだと思います。

仏教に「八風《はっぷう》吹けども動ぜず」という言葉があります。

「風」とは、ここでは「原因」という意味です。

「次の八つの原因によって、人の心は揺れ動く」と仏教では教えているのです。

①思ってもみなかった利益を得て、有頂天になる。
②意に反する損失を出して、お先まっ暗になる。
③恥ずかしい経験をして、逃げ出したい気持ちになる。
④名誉ある地位を得て、自分は偉いと思い込む。
⑤ほめられて、得意な気持ちになる。
⑥悪口を言われて、腹立たしい気持ちになる。
⑦不幸な出来事に見舞われて苦しむ。
⑧楽しい思いをして、まじめに働く意欲を失う。

仏教では、この「八風」のために、人の心は乱れて、結果的に安らぎのある生活を壊され、人生が不幸な方向へと傾いていく、と教えます。

そして、どんなことがあっても「動じない心」でいるにはどうすればいいのか、様々な知恵を提供してくれています。

私自身、仏教から多くのことを学びました。

本書では、仏教の教えを多く取り入れ、動じない心で安らぎある生活を実現し、夢や願望をかなえる方法をアドバイスしていきます。

人生がうまくいく！「動じない心」の作り方　目次

はじめに……2
「動じない心」があれば幸せになれる……4

第1章　「周りから言われること」を気にしすぎない

笑い者にされても気にしない……20
周りの人の言動を気にしない……22
「自分は平凡な人間だ」と自信を失うことはない……24
周りからの嫉妬を、がんばる力に変換する……26
失敗は「うまくいかない方法の発明」と考える……28
相手がどう思うかを気にせず、自分の思いを伝える……30
誤解に基づいた話は、断固とした態度で否定する……32

「今日の運勢」は自分の行為によって決まる……… 34
第1章のポイント 36

第2章 「不安は妄想にすぎない」ことを知る

人間の不安のほとんどは、妄想にすぎない……… 38
「私は嫌われている」という思いは、妄想にすぎない……… 40
何も持っていないから、無尽蔵の力を発揮できる……… 42
「失うものなど何もない」と考える……… 44
「今やるべきこと」のみに集中する……… 46
集中して体を動かし、頭の中を空っぽにする……… 48
オール・オア・ナッシング的思考法から脱却する……… 50
突き詰めて考えすぎると、かえって心が乱れる……… 52
第2章のポイント 54

第3章　どんな状況でも「平常心」を保つコツ

心が乱れそうになったら、「もう一人の自分」に語りかける……56
どんな状況においても「平常心」を心がける……58
声を出して、心の雑念を払う……60
「がんばる」「休む」のメリハリを大切にする……62
食事の時間は食事に、お茶の時間はお茶に集中する……64
一日一日をまじめに暮らす……66
いいことがあったときも有頂天にならない……68
できないことを環境や道具のせいにしない……70
第3章のポイント　72

第4章　不満を言うよりも、今に満足して生きる

「お金」をかけるよりも「心」を込める……74
心のこもった贈り物が、相手の心を動かす……76
見せかけの努力は成果を生まない……78
「うぬぼれた心」は不安と怯えをもたらす……80
発想を転換して、今あるものに満足する……82
いつも新鮮な気持ちで仕事に取り組む……84
「出会った頃の気持ち」を忘れない……86
状況にあわせて柔軟に方向転換する……88
第4章のポイント　90

第5章　「自分を守ってくれるもの」を大切にする

よき師匠、よき友人を持つ……… 92
心の支えとなる「座右の銘」を持つ……… 94
「記録する」ことで目標を達成する……… 96
お金にケチケチしていると、心が安らがない……… 98
お金を上手に使うと、むしろ心が安定する……… 100
「自分を守ってくれるもの」の存在を感じてみる……… 102
自分を守ってくれるものを「守ってあげる」気持ちを持つ……… 104
「自分が守らなければならないもの」を見つける……… 106
第5章のポイント　108

第6章　あわただしい日々の中に安らぎを見つけ出す

スケジュールを前倒しする……110
一日のはじめに、ゆとりの時間を持つ……112
乱れた心を瞑想で整える……114
深い呼吸で心を無にする……116
時間がなくても瞑想はできる……118
落ち込んでいるときは、心が安らぐ言葉をかける……120
世の中は「思い通りにならないもの」と考える……122
日々成長していることを信じる……124
第6章のポイント　126

第7章　日々の習慣から「動じない心」を作る

「動じない生活」が「動じない心」を作り上げる……128
シンプルな生活を心がける……130
字をていねいに書くと、気持ちが落ち着いてくる……132
ていねいに掃除すると、精神統一できる……134
足をきっちりそろえると、心が落ち着いてくる……136
「結界」を作り、気持ちの切り替えを上手にする……138
「やりたい」と思っていることを、すぐに実行してみる……140
自分の生活の中に満足できる点を探す……142
第7章のポイント　144

第8章　「あがり症」を克服して自信を持つ

緊張するのは当たり前だと考える……146
姿勢を正し、呼吸を整える……148
「よく見せたい」という欲をセーブしてみる……150
イメージトレーニングをしてから、大切な場面にのぞむ……152
「予期不安」を捨て、「楽天思考」を心がける……154
「自分をコントロールできている」という自信を持つ……156
緊張していることを正直に告白する……158
はじめに笑いを取り、なごんだ雰囲気を作る……160
第8章のポイント　162

第9章　人間関係で動じないための心得

他人を「自分の思い通りにしよう」と思わない………164
他人に「当たり前のこと」を求めない………166
苦手なタイプと無理に仲良くなろうと思わない………168
断りたいことはきちんと断る………170
一人になる時間を大切にする………172
やましい行いは、心を乱す原因になる………174
お世辞を言わない………176
「正直者が得をする」と信じる………178
第9章のポイント　180

第10章　たくさんの人と支えあい、愛情を持って生きる

「お客さんとして招かれた気持ち」で生きていく……182
「愛される」ことよりも「愛する」ことを優先する……184
人と自分を比べて、どちらが幸せか考えない……186
他人の人生を「うらやましい」と思わない……188
心が疲れていると、被害者意識を持ちやすい……190
劣等感も「自分の立派な個性だ」と考える……192
自分にも他人にも、心やさしい言葉を使う……194
人が言ってくれることを、頭から疑ってかからない……196
第10章のポイント　198

第11章　生きがいを持つと動じなくなる

一度きりの人生なので生きがいを持つ………200
願望を生きがいとリンクさせる………202
何かを始めるのに遅すぎることはない、と考える………204
「できない」のではなく「やっていないだけ」と考える………206
自分は必要とされていると思うと、生きがいが持てる………208
自分の強みを日課として取り入れると、日々の生活に張り合いが生じる……210
使命に目覚めると、生きがいを感じることができる………212
人に喜びを与えることを習慣にする………214
第11章のポイント　216

おわりに　218

第1章

「周りから言われること」を気にしすぎない

◉笑い者にされても気にしない

自分としては「これは幸せになるためだ」と思って一生懸命になってやっていることでも、周りの人たちからまったく評価されないことがあります。

評価されないどころか、「あんなことをして何の得になるのだろう。何が楽しくてあんなことをしているのだろう」と冷ややかな目を向けられたり、ときには笑い者にされてしまう場合もあるでしょう。

しかし、**他人からどう言われようが、笑い者にされようが、自分が信じてやっていることには動じない心を貫くことが大切です。**

周りの人が言うことなど、相手にしなければいいのです。

そこで心を乱して怒ったり、気持ちをいら立ててしまえば、それはかえって自分の人生に災いをもたらすことになるでしょう。

仏教に、次のような説話があります。

ある池にカメが棲《す》んでいました。しかし雨が降らず、池の水が干上がってしまいました。カメは、このままでは死んでしまいます。それをかわいそうに思った雁《がん》が、一本の枝をくわえて干上がった池へ舞い降りてきて、カメに言いました。

「この枝に噛みついていなさい。そうすれば水のある池まで連れていってあげよう」

カメは言われた通りにしました。すると雁は、枝をくわえたカメをくちばしの力で持ち上げて、翼を広げて飛び上がり、空を飛んでいきました。

途中、その姿を地上から見た人間が、「あれは何をしているのだ。おかしなことをしているものだ」と笑いました。

自分が笑い者にされたと怒ったカメは、文句を言うために思わず口を開いてしまいました。そのために地上へ落下して死んでしまいました。カメは、笑い者にされても、黙って口を閉じていれば、生き延びることができたのです。

人間の人生も同じです。周りから笑い者にされようと、文句を言わず、黙って自分の信じる生き方を貫けば、幸せな人生を送ることができるでしょう。

◉周りの人の言動を気にしない

スペインの画家に、パブロ・ピカソという人物がいます。二〇世紀の最大の天才画家だとも言われています。

このピカソが、世間的に高い評価を得た最初の絵画は『アビニョンの娘たち』という作品だったとされています。

しかしピカソが、その『アビニョンの娘たち』を描き出した当初、周囲の画家仲間や画商たちには、まったく理解されませんでした。

それは、従来の絵の常識とは、かけ離れたものであったからです。

「まるで子どもの落書きだ」

「ピカソは頭がおかしくなったのではないか」

「ピカソはふざけているのか」

周りの人たちは、ピカソの絵をそのように悪く言い、もの笑いの対象にしたのです。

しかしピカソは、周りから何と言われようが、笑い者にされようが、自分を信じ、絵を完成させました。

その結果、「この絵は現代芸術の扉を開いた」と高く評価されたのです。

もしピカソが、周りの人たちから受けた悪口や、もの笑いされるという批判に耐えられなくて描くのをやめてしまったら、『アビニョンの娘たち』を完成させることはできなかったでしょう。

仏教の創始者、ブッダも、仏教を布教するために、インド各地の放浪を始めた当初は、その汚い身なりのために、行く先々の人たちから笑い者にされたと言います。

しかしブッダも、周りの言動など気にせずに、自分の信じる道を貫きました。だからこそ、偉大なことを成し遂げられたのです。

周りの人の悪口や、もの笑いなど、気にすることはありません。

自分が信じる道だけを見て、まっすぐ前進していきましょう。

◉「自分は平凡な人間だ」と自信を失うことはない

世の中には、信じられないような才能に恵まれた人がたくさんいます。「あの人には、どうしてこんな発想ができるんだろう。どうしてこんなことができるんだろう」と驚かされることもよくあります。

そんなときに、「私も、あの人に負けずにがんばろう」と前向きに考えることができる人もいます。きっとその人は、動じない心を持ち、自分の夢や願望に向かって突き進んでいける人なのでしょう。

しかし一方で、「私がいくらがんばったって、あの人の足元にも及ばない。私は何の才能もない平凡な人間なんだ」と、自信を失ってしまう人もいるのではないでしょうか。

このタイプの人は、自信喪失から心が乱れ、やる気をなくし、努力することをやめてしまうかもしれません。

後者のタイプの人に、仏教の言葉を一つ紹介したいと思います。

それは、「昔は仏も凡夫《ぼんぷ》なり」というものです。これは日本の古典文学である『平家物語』に出てくる一説です。

「仏、つまりブッダも、最初は平凡な人間だった」という意味です。

しかし、「悟りを得たい。安らぎを得たい。何事にも動じない心を自分のものにしたい」という強い願望を持って一生懸命になって考え、瞑想や修行に励んできたからこそ、偉大な人物になれたのです。

ですから、**「自分には何の才能もない」「自分は平凡な人間だ」と悩み、心を乱すことなどないのです。**

「平凡な人間だろうと、コツコツ努力を続ければ、すごいことを成し遂げられる」

そう信じることができれば、動じない心を貫いていけるでしょう。

◉周りからの嫉妬を、がんばる力に変換する

「出る杭《くい》は打たれる」と言います。有能でやる気もあり、ある分野で頭角を現していく人は、周りの人たちの嫉妬から、とかく悪いうわさを立てられることが多いようです。

あるフリーのコピーライターの話をしましょう。

彼が手がけた商品のコピーは、次々にヒットしていきました。そのおかげで、彼の評判は広告業界でどんどん高まっていきました。

ですが一方で、彼の活躍を嫉妬して、よからぬうわさを立てる人が現れました。

「彼は才能などない。仕事先の相手に取り入るのがうまいだけだ」

「ちょっとばかり仕事がうまくいっているので、いい気になっている。どうせすぐに落ちぶれてしまうだろう」

「彼のコピーは、じつは彼が考えついたものではない。誰かが考えついたものを、彼

が勝手に借用している」

そんなうわさまで流れ始めました。

もちろん、すべて根も葉もないウソばかりなのです。しかし彼は一時期、それらのうわさにひどいショックを受けて、仕事が手につかなくなってしまいました。

しかし、そんな彼を救ったのは、よきクライアント、よき仕事仲間、よき友人の励ましの言葉だったのです。

考えてみれば、悪いうわさを流す人は、ごく少数の人でした。大多数の人たちは、よき協力者でした。そこで彼は、考え方を改めました。

「自分を応援してくれる人には感謝し、よからぬうわさを立てる人の言葉は無視する」と、心に決めたのです。

以来、彼は悪いうわさが耳に入ってきても、心が動じなくなったと言います。

周りの人たちの嫉妬による言葉など、気にすることはありません。自分を応援してくれる人たちのために、どうやって役立つ仕事をするか、ということだけを考えることで、動じない心が作れます。

◉失敗は「うまくいかない方法の発明」と考える

人生には「はじめから簡単にうまくいく」ということは、めったにありません。

夢や願望が大きいほど、それが達成されるまでには、数多くの試行錯誤を繰り返さなければならないでしょう。

「こうすれば、うまくいくんじゃないか」ということを試してみては失敗し、「それではこうしてみよう」と新しく試したことも、また失敗します。そのように失敗に次ぐ失敗を重ねていった結果、最後に「成功」へと辿《たど》り着くことができるのです。

ただし問題なのは、その間に周囲の人たちが様々な陰口を言ってくることです。

「あの人は、また失敗をした。あと何回失敗を繰り返せば気が済むのだろう。どうせ、うまくいくはずがない」

「あの人が失敗を繰り返している間、私たちが迷惑をこうむっている。いいかげんにしてほしい」

そのような周囲の陰口に心をかき乱されて、自分自身「今後、いくらがんばっても、うまくいかないのではないか。成功などできないのではないか」という気持ちになってきて、挫折してしまう人も多いのではないでしょうか。

しかし、それはもったいないことです。

発明家のトーマス・エジソンは、白熱電球の発明に成功するまで一千回以上も失敗を繰り返したと言われています。

エジソンは、そのことを新聞記者に問われて、こう答えたそうです。

「私は、一千回失敗したんじゃない。こうすればうまくいかないという方法を、一千通り発明したのだ」と。

失敗を「失敗」だと考える必要はありません。エジソンの言った通り、楽天的に「うまくいかない方法の発明」と考えてみたらどうでしょうか。あるいは「成功へのステップ」と考えてもいいでしょう。

そうすれば周りからとやかく陰口を言われても、心が動じなくなります。

成功を手にするまであきらめない、粘り強さが身につきます。

◉相手がどう思うかを気にせず、自分の思いを伝える

＊会議の席で、自分の意見をはっきり言えない。
＊好きな人の前に出ると、何も言えなくなる。
＊疑問に思っている点があるが、「わかりました」と言ってしまう。
＊反論したいが、黙ったままでいる。

ここに挙げたように、恥ずかしがり屋で、自分の気持ちを相手にはっきり伝えることができない人がいます。

このような性格の人は、ある意味「動じやすい心」の持ち主とも言えるのではないでしょうか。言いかえれば、繊細なところがあるのです。

「自分が思っていることをはっきり言ったら、相手はどう反応するだろうか」ということが気になります。

「くだらないことを言っているとと、バカにされるのではないか」
「誰も自分の意見を相手にしてくれず、恥ずかしい思いをするのではないか」
「強く言い返されて、悔しい思いをすることになるのではないか」
そのようなネガティブな思いが頭を駆けめぐり、心が動揺して、何も言えなくなってしまうのでしょう。

自分の考え、自分の意見をはっきり言えるようになるためにも、大切なのは「動じない心」を持つことです。そのためには「自分の意見について相手がどう思うか」を、あまり気にしないように心がけることです。

大切なのは、「相手がどう思うか」ではありません。自分が、「はっきりと自分の思いを伝えられるか」が重要なのです。

自分が述べたことを相手がどう受け取るかは、相手が決めることです。こちらであれこれ想像しても、しょうがありません。「自分の意見をしっかり伝える」ことだけに集中しましょう。そうすれば、心が動じることもなくなります。

◉誤解に基づいた話は、断固とした態度で否定する

ある若手の男性社員が、ある日、同僚から「仕事が終わったら飲みにいこう」と誘われました。

しかし彼は、「今日は疲れているから、まっすぐ家に帰る」という理由で断りました。

翌日、彼は上司から呼び出されました。

そこで、まったく思いがけないことを上司から言われたのです。

「君はこの会社を辞めて、再就職先を探しているらしいね。いったい何が不満なんだ」

彼は、そんなことはまったく考えていませんでした。

現在の会社にも、担当している仕事にも満足していました。

いったいどこからそんな話が出てきたのか、彼は不思議でなりませんでした。

すぐに真相がわかりました。

昨日、彼のいない飲み会の席で、彼の同僚たちが「彼が飲み会に来なかったのは、仕事に不満があって会社を辞めることを考えているからだ」と、彼のことをうわさしていたのです。

そのうわさが翌日になって社内に広まり、上司の耳にも届いたのです。

彼の同僚たちに、必ずしも悪気があったわけではなかったのです。しかし、これが「人のうわさ」の怖いところでしょう。

自分のとった行動が思いがけない方向へ誤解され、おかしなうわさが立ってしまうことはよくあることです。

そんなうわさが流れれば、心が動揺し、傷つけられることにもなるでしょう。

世間の誤解や思いがけないうわさに動じないためには、そのような誤解やうわさを断固とした態度で否定することです。

あいまいな態度で対処すると、いっそう誤解を招き、うわさ話がエスカレートしていく危険性があるからです。

◉「今日の運勢」は自分の行為によって決まる

ある女性は、毎朝、テレビでよくやっている「今日の運勢」を必ず見るようにしているそうです。

「あなたの今日の運勢は最高です」と言われた日には、気分も最高です。ルンルン気分で出社でき、仕事も楽しくこなすことができます。会社の同僚や上司たちへも機嫌よく接することができます。

しかし、「あなたの今日の運勢は最低です」と言われた日には、気分が落ち込んでしまいます。暗い気持ちで会社へ行き、心が乱れて仕事に集中できません。そのためにミスばかり繰り返して、同僚に迷惑をかけ、上司に叱られます。

しかも、そこで素直に「すみません」と謝ることができずに、「だって、しょうがないじゃありませんか」と、腹を立てて言い返してしまう有様です。

確かに、人の運勢が日によって変化するのは事実でしょう。

しかし、自分の運勢を「テレビで言われたことを信じて決める」のは、あまりいいことではないように思います。

自分の運勢は「自分で決める」ものではないでしょうか。

それを「人の言うこと」で決めるのでは、気分が振り回されて、自分らしい生き方をするのがむずかしくなってしまいます。

鎌倉時代の思想家である吉田兼好は、『徒然草』という著作の中で、「吉凶は人によりて日によらず」と述べています。

「はじめから、その日は運勢が吉だとか、あの日の運勢が凶だと決まっているわけではない。その人がいい行いをすれば、その日の運勢は吉となる。悪いことをすれば凶となる」という意味です。

運勢というのは、その人の行為によって決まると、兼好は教えているのです。

「いいことをする」ことを心がけていけば、今日も、明日も、あさっても、「運勢のいい日」になるでしょう。

第1章のポイント

周りから笑い者にされても、
自分で決めた生き方を信じる。

「平凡な人間であっても、
努力次第で偉人になれる」と信じる。

周りからの嫉妬を、
さらなる飛躍の力にする。

失敗をたくさん重ねた人間が、
偉大なことを成し遂げられる。

相手の評価を気にするよりも、
自分が言いたいことを伝えることを優先する。

第2章

「不安は妄想にすぎない」ことを知る

◉人間の不安のほとんどは、妄想にすぎない

禅の創始者である達磨大師《だるまたいし》という人物がいます。インドで生まれた人ですが、中国へ渡り、禅を広めました。

この達磨大師と慧可《えか》という弟子との間で、こんな会話が交わされたというエピソードが残っています。

慧可が達磨大師に、次のように訴えました。

「私の心は、たくさんの不安で乱れています。どうか私の心から不安を取り除いてください。そうすれば私は、安らかな心、動じない心で修行に打ち込むことができるでしょう」

その慧可の訴えに、達磨大師が答えました。

「わかりました。それではあなたの心から不安を取り除いてあげましょう。では、まず、あなたの心から、その不安とやらを、私の目の前に取り出してごらんなさい。私

にあなたの不安を見せてくれたなら、その不安を取り除いてあげましょう」

慧可は困ってしまいました。そう言われても、心にある「不安」を取り出すことなどできません。不安とは、心の中にあるもので、実体がないからです。

そこで慧可は、「そうだったのか」と目が覚めました。

慧可は、**「自分が思い悩んでいた『不安』とは、じつは自分が勝手に作り上げた妄想にすぎないのだ」**と気づいたのです。

慧可は、不安で心を乱していた、これまでの自分がバカらしくなってきました。

それ以来、慧可は、動じない心で修行に励むようになったのです。

人間には、想像力があります。この想像力のあるおかげで、人間は偉大なことを成し遂げてきました。

しかし、ときに想像力は、人間に災いをもたらしてしまいます。

想像力が勝手に作り上げる「不安」という妄想に、心を乱されないよう心がければ、動じない心で生きていけます。

◉「私は嫌われている」という思いは、妄想にすぎない

人間の想像力が勝手に作り上げる「不安」という妄想の中で、もっとも一般的なのは「私は嫌われている」というものではないでしょうか。

「私は、職場の上司から嫌われている」
「恋人は、私と別れたがっている」
「友人は、みな、私を仲間外れにしたいと思っている」
「職場の同僚たちは、私を迷惑な存在だと思っている」
「親友だと思っていた相手が、私を裏切ろうとしている」

ここに挙げたような思いの、おそらくは八割から九割が、その人が勝手に作り上げた妄想ではないでしょうか。

実際には、上司も、恋人も、友人も、そのように考えていないかもしれないのです。

上司は信頼してくれているはずです。恋人は大切に思ってくれているでしょう。友人は、以前と変わらず、温かい友情を持ってくれています。にもかかわらず、自分で勝手に「嫌われている」と思い込んでしまうことがあるのです。

では、なぜ、そのような妄想にとらわれてしまうのでしょうか。その原因は、主に次のようなことだと思われます。

＊多忙な生活から、心身が疲れ切っている。
＊大きなプレッシャーが負担になっている。
＊仕事や人間関係のストレスが、うまく解消されていない。

このようなマイナスの状況におちいると、人は「私は嫌われている」という妄想にとらわれやすくなってしまうようです。

がんばりすぎない生活を心がけ、ほどよい休息を取り、心身共に健康な状態でいられれば、不安が取り払われ、動じない心を取り戻せるはずです。

◉何も持っていないから、無尽蔵の力を発揮できる

勇気を与えてくれる言葉が、仏教にあります。

「本来《ほんらい》無《む》一物《いちもつ》。無《む》一文《いちもん》中《ちゅう》無《む》尽蔵《じんぞう》」というものです。

「人間は本来、何も持っていない。何一つ持っているものがないからこそ、その人は無限の力を発揮できるのだ。何もないからこそ、やろうと思えばどんなことでもできる」といった意味があります。


夢や願望を抱いて、それに向かって努力していっても、その途中で努力が空回りし、思うような成果が出なくなることもあるでしょう。

困難にぶつかって、それ以上先へ進んでいけなくなる場合もあるでしょう。

そのような、むずかしい状況に直面すると、人は様々な言い訳をします。

「学歴のない自分は、いくらがんばったって、どうせ一流大学を出たエリートにはか

なわないんだ」

「貧しい家に生まれ育った私は、どうせ一生、みじめな生活から抜け出せないんだ。幸せな人生など、実現できないんだ」

「私は体力がないから、体力のある人には負けてしまう。努力が長続きしない。ちょっとした挫折でフニャフニャとなってしまう」

あるいは、努力を始める前から「学歴がない私には、貧しい家に生まれ育った自分には、体力のない自分には、夢を描き、願望を持つこと自体が間違っているんだ」と、あきらめてしまっている人もいるかもしれません。

そのような思いにとらわれたときには、この「本来無一物。無一文中無尽蔵」という言葉を思い出してほしいのです。

仏教の創始者、ブッダは、財産も、家柄も、地位も、何不自由ない生活も、何もかもすべて捨て去ることで、かえって動じない心を得て、悟りを開くことができました。

「学歴も、財産も、そして体力もない」ことは、むしろ「動じない心で成功する」チャンスを得たことを意味するのです。

◉「失うものなど何もない」と考える

若いうちは怖いもの知らずで、新しいことに向かって、どんどんチャレンジしていけます。

それは、若いうちは「失うものが何もない」からだと思います。

しかし、年齢を重ねていくうちに、だんだんと「失うもの」が増えていきます。たとえば、職場での地位、権限、保障された給料、財産、名誉といったものです。

そして、そのような地位や、保障された給料といったものが増えていくにつれて、チャレンジ精神も失われていきます。

いわゆる守りに入って、事なかれ主義におちいっていくということです。

「新しいことにチャレンジして、もし失敗したらどうなるのだろう。責任を取らされて、せっかく手に入れた課長という地位を失うことになるかもしれない。給料を下げられることになるかもしれない」ということを恐れるのでしょう。

そして、「そんなリスクをおかすのだったら、最初から新しいことにチャレンジしようなどとは思わないことだ」と考えてしまうのです。

しかし、人生は一回限りです。

せっかくこの世に生まれ出たのですから、「失敗したら、どうしよう」などといった下手な恐怖心は捨て去って、死ぬまで新しいことにチャレンジしていくのも一つの生き方です。

また、年齢を重ねてもチャレンジ精神を忘れずにいる人は、いつまでも若々しくいられるでしょう。

人が老けるのは、必ずしも年齢を重ねるからではないのです。**新しい分野へチャレンジする好奇心を失うことが、もっとも大きな、老ける原因になるのではないでしょうか。**

何歳になっても、「失うものなど何もない」という精神で、よけいな恐怖心に動じることなく、チャレンジ精神を失わない人は、いつまでも生きがいを持って幸せに生きていけると思います。

◉「今やるべきこと」のみに集中する

ここで、「動じない心」を持って、夢や願望に向かって迷いなく進んでいくために、四つの心得をまとめておきます。

これらは、すべて仏教の「禅」の教えに通じたものです。

＊今やるべきことに集中する。
＊よけいなことを考えない。
＊あまり先のことを不安に思わない。
＊過ぎ去ったことにとらわれない。

「無念無想《むねんむそう》」という禅の言葉があります。

これは「何かをするときには、よけいなことは考えてはいけません。今すべきことのみに、ひたすら意識を集中させなさい」という教えが含まれた言葉です。

それが「悟りを得る、動じない心を育むための秘訣だ」と禅は教えているのです。

この「無念無想」という考え方は、一般人の生活にも、とても役立ちます。たとえば、「日常の仕事」を行う際は、次のようなことを心がけてみましょう。

＊職場で仕事をしているときは、その仕事だけに集中する。
＊この仕事が自分に向いているか、向いていないかなど考えない。
＊この仕事で成功できるか、できないかなど考えない。
＊仕事が失敗したときのことなど考えない。
＊職場のわずらわしい人間関係のことなど考えない。
＊過去担当した仕事と、今やっている仕事を比べない。

あれこれ考えるよりも、無念無想で仕事に取り組むほうが、結果的には、より大きな成果を得られることにもなるでしょう。

◉集中して体を動かし、頭の中を空っぽにする

もし心が、よけいな雑念にとらわれて乱れそうになったときには、「集中して体を動かす」ことをするとよいのです。一つのことに集中して体を動かすことは、無念無想の境地、動じない心を作り出すために、とても効果があります。

ある和菓子職人が、こんな話をしていました。

お菓子に使うアンコを完成させるために、火にかけたアンコを練る作業に集中しているときには、「心の中が、まったく無の状態になっている。お店の経営に関わる心配事や、店員との人間関係など、よけいなことは一切頭に浮かんでくることはない」。

煮上げた豆を潰《つぶ》して、砂糖を混ぜ、その後、弱火にかけて、長い時間をかけて練っていかなければ、アンコは完成しません。

火にかけているときには、木べらでひたすらアンを練り続けなければならないので

す。そのまま放置しておけば、アンコはすぐに焦げついてしまいます。

また、目でアンコの状態を確かめ、鼻でアンコのにおいの変化、耳でアンコの煮える音の変化を注意深く観察していなければなりません。

このように五感を一つのことに集中させ、体を動かすことによって、心によけいな雑念が入り込む余地をなくしてしまうのです。

よけいな雑念が思い浮かび、心が乱れそうになったときには、集中して体を動かしてみましょう。

営業の仕事などで、職場にいるときであれば、お客さんのところへあいさつ回りに出かけていってもいいでしょう。「集中して歩く」という行為が、頭の中を空っぽにしてくれます。顧客開拓のため、営業の電話をかけるのも効果的でしょう。「集中して話す」という行為が、頭の中を空っぽにしてくれます。

じっとして、考え事ばかりしていると、雑念で心を乱されやすくなります。集中して体を動かす習慣を作ることが大切です。

◉オール・オア・ナッシング的思考法から脱却する

完璧主義的な性格が強い人は、「心が動揺しやすい」タイプだと言えます。

なぜなら、このタイプの人は「オール・オア・ナッシング」的な思考法が身についているからです。

「テストは一〇〇点満点でなければ意味がない。九九点は〇点と同じことなんだ」

「プロならば、完璧な仕事を目指さなければならない。もし一つでもミスがあれば、それは私がダメ社員である証しなのだ」

「料理もうまく、掃除も上手で、子どもにはやさしいお母さん。夫に対してはいい奥さんである、完璧な主婦になりたい。完璧でなければ、私は妻として失格だ」

これがオール・オア・ナッシング的な思考法です。

一〇〇点満点を目指すのは、もちろん悪いことではありません。

それだけ自分の人生に前向きに取り組み、積極的に努力している証拠です。

しかし、仕事や人生において一〇〇点満点を実現するのは、実際には不可能と言っていいでしょう。

どんなにがんばって「完璧な仕事」を目指しても、どこか一つか二つは不満なところ、足りない部分が出てくるものです。

しかし、オール・オア・ナッシング的な思考法が身についた完璧主義者は、ちょっとした不満、欠点、失敗で、「私はダメ人間だ。生きている価値などない、愚かな人間だ」と激しく心が動揺してしまいがちです。

動じない心で、この人生をたくましく生き抜いていくコツは、一〇〇点満点を目指して努力してもうまくいかない場合は「八〇点主義」で乗り切ることです。

多少の不満や失敗があっても、「まあまあよくできた」というところで満足しましょう。その満足感が、前向きな意欲を生み出します。

◉突き詰めて考えすぎると、かえって心が乱れる

「よく考えてみることは大切だが、あまり突き詰めて考えていけない」ということをモットーにすることも、動じない心で生きていくためのコツになります。

たとえば、知り合いにプレゼントを贈ることにしたとしましょう。

「どういうプレゼントをすれば、あの人に喜んでもらえるだろうか」と考えることは大切なことだと思います。

ただし、「これをプレゼントすることが、本当にいいことなのか。もしかしたら、相手にとって悪いことになるのではないか」と、突き詰めて考えすぎると、迷いが生じて心が乱れ、何をプレゼントにしたらいいのかわからなくなってしまいます。

自分が着る洋服を選ぶときも同様です。

「どの洋服を選べば、自分がもっときれいに見えるか」を、よく考えて洋服を選ぶ

のは、いいことだと思います。

しかし「目上の人に会いにいくときは、どの洋服を選ぶのが正しいのか。間違った洋服を選ばないためにはどうするか」ということについて突き詰めて考えすぎてしまうと、やはり迷いが生じて心が乱れ、たくさんの洋服の中から一着の洋服を選び出すのがむずかしくなるのではないでしょうか。

人生には、この例と同じようなことがたくさんあります。

仕事にしても、人間関係にしても、勉強にしても、夢や願望を追い求めていくことにしても、「よく考えて行動する」ことは大切なのですが、「あまり突き詰めて考えすぎる」と、かえって迷いや心の乱れから、何をしたらいいのかわからなくなってしまうのです。

じつは人生には、「これが絶対に正しい答えだ」ということなどありません。

そのことをよく理解して、「よく考える。しかし、考えすぎない」という、ちょうどいいバランスを保ちながら生きていくことが大切です。

第2章のポイント

不安は、自分で勝手に
作り上げた妄想である。

「才能がない。学歴もない。
何もない」から、人は成功できる。

「失うものなど何もない」という
心意気で、チャレンジしていく。

「今やるべきこと」のみに
集中すれば、不安が消える。

「突き詰めて考えすぎるから、
行動力を発揮できない」と知る。

第3章

どんな状況でも「平常心」を保つコツ

◉心が乱れそうになったら、「もう一人の自分」に語りかける

＊どうすればいいのかわからず、気持ちがイライラしてきたとき。
＊気持ちが舞い上がってしまって、冷静な判断ができないとき。
＊他人からミスを指摘されて、思わずカッとなってしまったとき。
＊悪い誘惑に、自分の心が負けそうになってしまったとき。
＊何のためにがんばっているのか、わからなくなってしまったとき。

このような状況のときは、自分の中にいる「もう一人の自分」に向かって問いかけてみましょう。


「心を乱していないか？」

「冷静さを取り戻せ」

「状況を把握しているか？」

「感情的になっていないか？」

「考えられる可能性を、最初から再検討してみよう」

「正しい方向に進んでいるか？」

そのように自問自答することによって心の乱れが静まり、理性的に、そして的確に今の状況を判断できるようになります。

さらに、最善策を見つけ出すこともできるでしょう。その結果、動じない心で信じるところへ突き進んでいけます。行動力も発揮されます。

ですから成功者は、みずから意識している、していないにかかわらず、自問自答することを習慣にしている人が多いのです。

自問自答することによって正しい答えを見出すためには、一人の時間を大切にすることが大切です。

周りに誰かいて、うるさい状況では、気が散ってしまって有効な自問自答ができません。日常生活の中に、一人になって自問自答する時間を持つことが、動じないために必要です。

◉どんな状況においても「平常心」を心がける

「平常心」という言葉があります。

ある将棋の棋士《きし》が、大事な一戦を前にして、「どのような気持ちで勝負にのぞまれますか」とインタビューを受け、「平常心でのぞみます」と答えていました。

大事な一戦ですから、もちろん「勝ちたい」という気持ちが強いのでしょう。

しかし「勝ちたい」と思って意気込みすぎると、かえって実力を発揮できなくなるケースが多いものです。そこで、その棋士は、あえて「平常心で」と言ったのでしょう。

つまり、「平常心でいることが、実力を発揮するために一番いい方法だ」と言いたかったのだと思います。

このように「平常心」という言葉は、現代でも一般的に使われる言葉です。

この言葉の語源は、じつは仏教にあります。紀元七世紀から八世紀にかけて、中国が「唐《とう》」と呼ばれていた時代の話です。趙州《ちょうしゅう》という禅僧と、師匠である南泉《なんせん》との間で、こんな会話があったと伝えられています。

趙州が問いました。「仏の教えに沿った生き方とは、どのようなものでしょうか」南泉が答えました。「平常心を心がけることが、仏の教えに沿った生き方です」

ここで言う「平常心」とは、「日々しなければならないこと、たとえば、修行、仕事、勉強、掃除、炊事、坐禅、運動といった日々の務めを大切にしながら暮らしていく」ということです。

現代の人たちも、大事な商談や、大事なプレゼンにのぞむときには、この平常心でいるのがよいと思います。

何か特別なことをする必要はないのです。意気込むこともありません。

「私は、日々やるべきことを心を込めて、大切に思いながら生きている」という自信があれば、平常心で「大事なこと」にのぞめます。

そして平常心でいることが、動じないで実力を発揮するための一番の方法なのです。

◉声を出して、心の雑念を払う

気持ちが乱れてどうしようもなくなったり、イライラが溜まって爆発しそうになったときは、「声を出す」ことで乱れた気持ちを静めることができます。

できれば、ふだんから「元気のいい、明るい声を出す」ことを習慣にして、心が乱れたり、いら立ったりする以前に「気持ちを落ち着ける」「気持ちを静める」よう心がけておくのがいいと思います。

＊朝、元気よく明るい声で「おはよう」とあいさつする。
＊人と話をするときには、はつらつとした、元気のいい声で話す。
＊カラオケや合唱などで歌を歌うことを習慣とする。
＊本を読むときには、黙読ではなく、できるだけ音読するようにする。
＊お経を読む習慣を持つ。詩を朗読してみる。

ふだんから、このように「声を出す」習慣を身につけておけば、多少ストレスが溜まるような経験をしても、心を乱すことがなくなるでしょう。

「動じない心」で、何事にも冷静に、前向きに対処できるようになるのではないでしょうか。

「声を出す」ことは、脳を活性化するとも言われています。ですから朝、元気のいい声を出せば、目覚めがよくなります。

また、声を出す機会をたくさん作れば、いつまでも若々しい考え方、発想ができるようになるでしょう。

ただし、もちろん「怒鳴り声」「泣き声」「がむしゃらに大声を出す」という行為は、逆効果になってしまいます。

元気で、ほがらかで、明るい声を出すことが、いい影響をもたらしてくれます。元気な声は、自分の心を元気にしてくれます。ほがらかで、明るい声は、自分の心をほがらかで、明るくしてくれます。元気いっぱいの声は、自分のみならず、周りの人たちにもいい影響を与えることでしょう。

◉「がんばる」「休む」のメリハリを大切にする

メリハリのない、ダラダラとした生活を送っている人には、「心が動じやすい」人が多いようです。

大学受験のカウンセラーをしている人は、こんな話をしていました。

「東大生は、一日中勉強ばかりしている人たちではない」

「東大生は日常生活の中で、趣味を楽しんだり、スポーツをする時間も、とても大切にしている」

つまり、「がんばる時間」と「リラックスする時間」のメリハリの作り方がうまいということです。

一日中勉強ばかりしているガリ勉タイプの人たちは、ストレスのはけ口がなく、気持ちが乱れやすくて、勉強への集中力を失いがちです。

一カ月くらいはがんばって勉強に没頭できますが、それが長続きしません。途中で気持ちが折れてしまって、挫折するケースも多いのです。

ですから、勉強する時間と同じように、趣味や遊び、スポーツなどでリラックスする時間を大切にしている人のほうが、勉強への集中力も増しますし、やる気も持続すると言います。

この「メリハリが大切」という考え方は、社会人の仕事への取り組み方にも当てはまるのではないでしょうか。

「毎日、夜遅くまで残業している。休日関係なく働いている」といった人は、長時間働いているわりには、仕事の成果は低いのではないでしょうか。やはり、**「がんばる時間」と「リラックスする時間」をバランスよく取り入れて、メリハリある働き方をしている人のほうが、大きな成果を成し遂げられるように思います。**

仕事一辺倒の生活を見直すと、効果が出るかもしれません。

◉食事の時間は食事に、お茶の時間はお茶に集中する

禅の言葉に「喫茶喫飯《きっさきっぱん》」という言葉があります。

この言葉には「ごはんを食べるときには、ごはんを食べることだけに集中しなさい。お茶を飲むときには、お茶を楽しむことだけに集中しなさい」という教えが述べられています。

この禅の教えは、言いかえれば、「生活にメリハリを作り、動じない心を育む」ための知恵とも言えるのではないかと思います。

具体的に言えば、この「喫茶喫飯」の教えは、次のようなことをアドバイスしているのでしょう。

＊仕事の書類を読みながら、食事をしない。

＊携帯メールを操作しながら、お茶を飲まない。

＊テレビを見たり、新聞を読みながら、食事をしない。
＊イヤなことを頭に思い浮かべながら、お茶を飲まない。
＊人と口論しながら、食事をしない。
＊手帳でスケジュールを確認しながら、お茶を飲まない。

食事とお茶は、日々の生活の中で、大きな楽しみの一つだと思います。

しかし、ここに挙げたようなことを「しながら」だと、この大きな楽しみを実感できなくなってしまいます。

そのため、食事やお茶を終えた後に、「さあ、がんばろう」と気持ちが前に向いていきません。

ですから、**食事とお茶の際には、それを楽しみ、おいしく味わうことだけに気持ちを集中させましょう。**

そうすることで気持ちがリフレッシュして、やる気もみなぎってくるでしょう。

◉一日一日をまじめに暮らす

古代インドでは、「怠け者は、決算月になると慌てふためく」と、よく言われていたそうです。

ちなみに古代インドでは、商売人の決算月は毎年八月だったそうです。この季節、商売人たちは、お客さんのもとを回って売掛金を集金しました。

古代インドでは、米などの食料品を買うにしても、着るものを買うにしても、そのつど現金を支払っていたわけではありませんでした。いわゆるツケにしておいて、ある時期に、まとめて現金で支払っていたのです。

その支払いの時期が、八月だったのです。そこで怠け者は、八月になると慌てふためくことになるのです。

なぜなら、怠けてばかりいるので収入も少なく、商売人に支払うお金が手元に残っていなかったからです。

日本でも、昔はそういう風習がありました。

ちなみに日本では、年末が商売人の決算月でした。

ですから日本の昔話にも、年末になると、集金人がやってくる前に夜逃げをしたという話がたくさんあります。


冒頭のインドの言葉は、逆に言いかえれば、「怠けることなく、コツコツまじめに働いている人は、支払いの時期になっても慌てることはない」ということです。

「自分の将来が心配だ」と言う人は、現代の日本にもたくさんいます。

しかし、**大切なことは、将来のことを心配するよりも、「今を、どう生きるか」ということだと思います。**

一日一日をまじめに、大切に生きていきましょう。そうすれば心配も、憂いも、不安も、心には生じないでしょう。

つまり、動じない心で生きていけるのです。

◉いいことがあったときも有頂天にならない

いいこと、喜ばしいことがあったとき、有頂点になって浮かれ回っていると、せっかくの幸運を逃すことになりがちです。

それどころか、かえって災いを呼ぶ原因になることもあります。

いいことがあったときも冷静に受け止めることで、さらに運勢をアップさせていくことができるでしょう。

『大智度論《だいちどろん》』という仏典に、次のような話が紹介されています。

ある貧しい男が、「みじめな生活から抜け出したいのです。どうか私に富を与えてください」と、毎日天に向かって祈っていました。

すると、天にいる神様が、その男をかわいそうに思って「徳瓶《とくびん》」を与えました。徳瓶とは、その中からお金であろうが、豪華な食べ物であろうが、宝物であろうが、望んだものを何でも取り出せる、魔法の瓶です。

男は徳瓶を手に入れて大喜びでした。

有頂天になって、徳瓶の上に乗って、浮かれ踊りました。そのために徳瓶は割れてしまい、魔法の効力を失ってしまいました。

そして、男はその後も、貧しい生活を送りました。

この仏教説話は、「いいことがあっても、有頂天になって浮かれてはいけない。いいことがあったときこそ、気持ちを静め、冷静に対処しなさい」ということを教えているように思われます。

いいことがあったとき、動じない心で冷静に対処してこそ、その「いいこと」を本当の意味で、自分の人生に役立てることができます。

また、その「いいこと」を、さらに人生を発展させることにもつなげていけると思います。

ですから、いいことがあっても、あまり浮かれてばかりいてはいけないのです。

◉できないことを環境や道具のせいにしない

　ある会社員の男性は、次のように文句を言います。

「うちの会社は、職場環境が整っていない。パソコンは古いし、数も足りない。顧客を開拓したり、新しい商品を開発するための資金も足りない。エアコンもオンボロで、ガーガーと騒音を立てる。こんな環境で、やる気が出るわけがない。もっと気持ちよく、仕事に集中して働ける環境を整えてほしい」と。

　ある家庭の主婦は、このように言います。

「私の夫は、私の料理はまずいと言うけれど、おいしい料理を作ってほしいんだったら、システムキッチンを買ってほしい。立派な料理道具もそろえてほしい。食材だって、最高級のものを買えるだけのお金を渡してほしい。そういうことをしないで、おいしい料理を作れと言われても困る。今のままでは、やる気が出ない」と。

　つまり二人とも、「一生懸命やってほしいのだったら、それができるだけの環境や道具をそろえてほしい。環境や道具がそろわないうちは、やる気が出ない」と言いたいのでしょう。

しかし、これは単なる言い訳ではないでしょうか。やる気が出ないこと、上手にできないことを、「環境や道具のせいにする」人は、他にもいるように思います。

そのようなタイプの人たちに、鎌倉時代の僧侶、明恵上人《みょうえしょうにん》が残した言葉を紹介しましょう。

「仏道修行には何の具足《ぐそく》も入らぬなり」というものです。

「具足」とは「道具」「整えられた環境」といった意味がある言葉です。

「立派な装具や整えられた環境がなくても、本人にやる気があれば、集中して仏道修行に励むことができる」というのが言葉全体の意味です。

この明恵上人の教えに従って、**道具や環境について誰かに文句を言うよりも、まず「自分の心がけを変える」ことから始めるとよいのです。**

そうすれば道具や環境にかかわりなく、いい仕事ができるのではないでしょうか。

第３章のポイント

自問自答する習慣を持つことで、
動じない心を作る。

平常心でのぞんでこそ、
大事な場面で実力を発揮できる。

「がんばるとき」と「休むとき」の
メリハリのある生活を送る。

今日という日をまじめに生きていれば、
未来に不安はない。

いいことがあっても、
浮かれすぎない。

第4章

不満を言うよりも、今に満足して生きる

◉「お金」をかけるよりも「心」を込める

仏教に、こんなお話があります。

ある国の王様が、ブッダをお城に招待しました。城に入ったブッダが帰るのは、夜になる予定でした。

そこで、王様は「お客様の足元を明るくするために、道端へ一万個の灯《ともしび》を置くように」と家来たちに命じました。

城の近くに、貧しいおばあさんが暮らしていました。そのおばあさんは、熱心な仏教徒でした。

お城にブッダがやってきていることを知って、自分も一つでもいいから、ブッダのために道端に灯をお供《そな》えしたいと思いました。

そこでおばあさんは、ありったけのお金をかき集めて一個の灯を買ってくると、道端にお供えしました。

その夜は風の強い日で、王様が命じて置かせた一万個の灯が、風に吹き消されてしまいました。

しかし、おばあさんがお供えした灯だけは、どんなに風が吹いても消えることはありませんでした。

それを目撃した人たちが不思議がっていたら、やがてブッダが現れて、こう説明しました。

「おばあさんの供えた灯は、一途で、純真で、動じることのない信仰心がこもっているから消えることがないのです。お金を使ってたくさんのことをすることが大切なのではありません。大切なのは、その人の心なのです」と。

このお話には、**「動じない心があれば、お金をかけなくても、偉大なことが成し遂げられる。相手の心をも動かすことができる」**という教えが含まれているのです。

◉心のこもった贈り物が、相手の心を動かす

好きな人に喜んでもらうために大切なことは、たくさんのお金を使って高価なプレゼントを贈ることではありません。

たとえ高価ではなくても、「心のこもった贈り物をする」ことが大切なのです。

心がこもっていてこそ、相手に「永遠にあなたのことを大切に思います」という正直な気持ちが伝わります。

単に高価なものをもらうよりも、そのような心のこもった贈り物をもらうほうが、相手にとってはうれしいでしょう。

取引先との商談を成功させるために大切なのも、やはり真心です。

商談を成功させるために、取引先の担当者を高級料亭で接待したり、豪勢な贈り物をしたりする、という場合もあるかもしれません。

しかし、そのような方法よりも、もっと効果的なのは、「私たちの会社は、一生懸命、あなたの会社のために役立ちたいと思います」という気持ちを相手に伝えることです。

取引先の要望を熱心に聞き出し、要望に応えられるように、誠意を持って尽くす。

そうすれば、高級料亭での接待も、豪勢な贈り物も必要ありません。

取引先は、喜んで契約書にサインしてくれるでしょう。


「お金をかければ、相手の心を動かせる。お金を使えば、人の気持ちをどうにでもできる」と考えるのは、誤りです。

あくまでも、大切なのは「心」です。

◉見せかけの努力は成果を生まない

見せかけの努力では、大きなことを成し遂げることはできません。

たとえば、たいした仕事などしていないのに、「忙しい、忙しい」と騒ぎながら、職場を駆け回っている人がいます。この人は「忙しぶっている」だけなのでしょう。「忙しい」と大騒ぎすることで、周りの同僚や上司たちに、「いかに自分は仕事に熱心に取り組んでいるのか」というところを見てもらいたいのです。

しかし、このような「見せかけの努力」では、大きな成果の出る仕事を成し遂げることはできません。

残業をする必要などないのに、夜遅くまで残業したがる人もいます。これも「見せかけの努力」にすぎません。「残業しなければならないほど多くの仕事を抱え込んでいる。それだけ自分は、社内で多くの人から頼りにされている」ということを、周りの人たちにわかってもらいたいのでしょう。

しかし、残業ばかりしているわりには、仕事は一向に進まないのが実態ではないでしょうか。

仏教に、「信《しん》を離れたる行《ぎょう》もなし」という言葉があります。

鎌倉時代の仏僧で、浄土真宗の開祖、親鸞《しんらん》の言葉です。

「仏を信じる心を持たない人が、いくら厳しい修行を重ねたところで、何の悟りも得られない」という意味です。

この言葉は、言いかえれば、「大きな仕事をするんだ、大きな成果を上げてやる、という気持ちなどないのに、見せかけだけでがんばっているふりをしていたとしても、何の成果も得られない」という意味にもなると思います。

周りの人に「よく思われる」ことに一生懸命になるよりも、まずは自分自身の心のあり方を反省することが大切です。

仕事に対する動じない心が備われば、成果が上がり、周りからの評価も高まるはずです。

◉「うぬぼれた心」は不安と怯《おび》えをもたらす

強いうぬぼれを持った人間は、「動じやすい心」の持ち主だと言えるでしょう。

仏教の経典に、このような話が出てきます。

古代インドに、ある教団を率いる指導者がいました。彼はとてもうぬぼれが強い人間で、世界でもっとも深い悟り、大きな安らぎの境地に達しているのは自分だと信じていました。

あるとき、ブッダのうわさが彼の耳に入りました。

「今、諸国を歩き回りながら教えを説いているブッダという人こそ、世界でもっとも深い悟り、大きな安らぎの境地に達している人だ」というものです。

ブッダのうわさを聞いて、彼は不安におちいりました。自分のプライドをブッダにおびやかされるように感じたのです。そこでブッダを自分のもとへ呼び寄せて、議論を吹っかけ、コテンパンに打ちのめしてやろうと考えました。

しかし、実際にブッダに会ってみると、自分よりもはるかに偉大な人物であるとわかりました。しかし、その事実を認めたくはありませんでした。

そこでブッダを打ち負かそうと、様々な議論を吹っかけたり、意地悪なふるまいをしたりしたのです。そんな彼の様子を見て、ブッダは言いました。

「あなたは深い悟り、大きな安らぎの境地に達した人物ではないようです。その理由は、あなたのうぬぼれた気持ちにあります。あなたの心は、私と議論をすれば負けてしまうのではないかと不安に思っています。心が乱れ、ビクビクしています。それを隠そうとして、強がっています。悟りを得た人間は、そのように心を動揺させることはありません」

うぬぼれを持った人間は、このエピソードからわかるように、いつも不安と怯《おび》えに心を乱されることになります。

ですから、**うぬぼれなど捨ててしまったほうが、安定した穏やかな心で毎日を送ることができるのです。**

◉発想を転換して、今あるものに満足する

心が乱れてしまう原因の一つは「不満」です。

「こんなにがんばっているのに、どうして給料が低いんだ。出世できないんだ」

「私はこんなに尽くしてあげているのに、夫は私に何もしてくれない」

「もっと都会に住みたい。もっとオシャレなマンションに住みたい。なのに今、私が住んでいるところときたら……」

「こんな貧乏生活から早く抜け出したい。こんな毎日、もうイヤだ」

しかし、このように不満を持ち、誰かに文句を言ったとしても、今の生活は改善などされません。

改善されないどころか、欲求不満がますます大きくなっていくことになるでしょう。

不満から生じる心の乱れも大きくなっていき、「私は、この世で一番不幸な人間だ」という思いにとらわれるようになります。

このような不満に対処し、心の乱れをなくし、幸せに生きていくためのヒントを与えてくれるのは、仏教の教えです。

仏教では、どんなに貧しくても、どんなに不幸だったとしても、「現状の生活に満足しなさい」と教えています。

これは、言いかえれば、「こんなに貧しい生活はない。私ほど不幸な人間はいない」というのは、本人がそう思い込んでいるだけということです。

幸せになるためには、「現状の生活に不満を持つ」のではなく、「現状の生活に満足する」ように、発想を転換すればよいのです。

工夫すれば、たくさんの楽しいことを実現できます。探そうと思えば、たくさんの幸福を発見できます。

本人が思っているほど、その人の生活は貧しくもなければ、不幸でもないのです。

不満から心を乱していても、幸福な生活はやってきません。

◉いつも新鮮な気持ちで仕事に取り組む

「初心にかえる」という言葉があります。

就職したばかりの新入社員の頃は、やる気満々の人が多いようです。自分の夢や願望に向かって、迷いなど一切ありません。

新鮮な気持ちで、「やってやるぞ」という意気込みにあふれています。

しかし、三～五年たった頃になると、様々な迷いが生じてきて、心を乱すようになります。

「この仕事は本当に自分に向いているのだろうか」

「こんな仕事をしていてよいのだろうか」

「もっと他に、自分の才能を生かせる仕事があるのではないか」

このように、動じない心で、まっしぐらにがんばっていくことができなくなります。

そのようなときには、一度「初心にかえってみる」のも一つの方法です。

新入社員だった頃の気持ちを思い出すことによって、迷いが晴れると思います。動じない心で、力強く仕事にまい進できるようになるでしょう。

日本の伝統芸能の一つに「能」があります。

その能の創始者である世阿弥《ぜあみ》は、「是非とも初心忘るべからず。時々の初心忘るべからず。老後の初心忘るべからず」という言葉を残しています。

これは「ベテランの能役者になっても、能の修業を始めたときに持っていたような、新鮮な気持ちで能に取り組みなさい。修業の途中の時期であっても、また老いた能役者になったとしても、若い頃のように新鮮な気持ちで能に取り組みなさい」という意味です。

会社に就職して五年たとうが、十年たとうが、課長や部長に昇進しようが、新入社員だった頃のように新鮮な気持ちで仕事に取り組むことが、やる気を出すことにつながるのです。**何年たっても新鮮な気持ちで仕事に取り組むことのできる人こそ、偉大なことを成し遂げることができるのです。**

◉「出会った頃の気持ち」を忘れない

恋人同士が仲良くつきあっていく秘訣は、何年たってもお互いに、出会った当初のことを忘れないことにあります。

これも「初心忘るべからず」でしょう。

＊出会った当初の胸のときめき。
＊「こんなステキな人が、この世にいたのか」という新鮮な喜び。
＊「この人を幸せにしてあげたい」という純粋な気持ち。

そんな出会った当初の「初心」を、つきあい始めて一年たとうが、二年たとうが、ずっと忘れないでいることが、恋人といつまでも仲良くやっていくための秘訣です。

これは夫婦でも同じです。結婚して何年かすれば、だんだんと関係がマンネリになってくると言われますが、やはり出会った当初の新鮮な気持ち、結婚した当初の喜ばしい気持ちを忘れないでいれば、いつまでも夫婦円満でやっていけると思います。

男女の関係ばかりでなく、たとえば友人同士、職場の上司と部下の関係にしてもそうです。

お互いにはじめて出会ったときに感じた、「この人は自分にない長所を持っている」「この人は信頼できそうだ」という熱い気持ちをいつまでも忘れないでいれば、ずっとその相手といいつきあいをしていけるのではないでしょうか。

あらゆる人間関係は、時間がたつにつれて、相手への気持ちが冷めていきがちです。だんだんとお互いの気持ちがすれ違うようになり、誤解が生まれ、ときにケンカになることもあるでしょう。

しかし、「初心忘るべからず」という心構えで、**新鮮な気持ちを忘れないでいれば、その相手と末長く、いい関係を保っていけます。**

お互いに「初心」を忘れないためにも、時々出会った当初の思い出話をすることが大切です。

◉状況にあわせて柔軟に方向転換する

マンネリになったり、心に迷いが生じたときには、「初心にかえる」ことで気持ちをリフレッシュすると、ふたたび夢や願望に突き進んでいけます。

この教えは、確かに正しいと思います。

しかし一方で、仏教には次のような言葉がありますから、紹介しておきましょう。

「初心も是《ぜ》なり。後心《ごしん》も是なり」

「初心」を「努力を始めた当初の心構え」と理解すれば、「後心」というのは「努力していく途中で、新たに生じる心構え」ということです。

この言葉は、次のようなことを教えていると思います。

「迷いが生じたとき、初心にかえるのもいいことでしょう。初心は大事にしていきましょう。しかし途中、『自分は本当に、正しい方向へ向かっているんだろうか。他にもっと幸せを得られる方法があるのではないか』という迷いが生じたときに、これまでのやり方を見直し、新しい心構えによって生き方を見出すこともあるでしょう」

仏教では、「そのような後心も大事にする」と言っているのです。


世の中の状況は、日々変わっているのです。

自分という人間も日々変化していきます。

ですから、**その場、そのときの状況の変化にあわせて初心を見直し、新しく「後心」を持つことも大事であるはずです。**

そのように柔軟な心で、新しく方向転換をするという生き方もあっていいのではないでしょうか。この「後心」によって、また動じない心で前に進んでいけるなら、それでもいいのです。

ひと言で言えば、「しなやかに、柔軟に生きていく」ということです。

柔軟な心を持って、変化する状況や、自分自身に対応していくのも、「動じない心」を作る方法の一つだと思います。

第４章のポイント

「お金をかける」よりも
「心を込める」ことをモットーにする。

信念のこもらない努力は、
何の成果ももたらさない。

うぬぼれを捨てることが、
動じない心につながる。

不満を言うよりも、満足して
生きていくほうが幸せになれる。

初心を忘れないでいることで、
心が動じなくなる。

第5章

「自分を守ってくれるもの」を大切にする

◉よき師匠、よき友人を持つ

何かつらい経験をして、心がくじけそうになったときの「心の支え」となるものを自分なりに作っておきましょう。

それも何事にも動じない、強い心を作るためのコツになります。

ブッダは経典の中で、次の二つのことを繰り返し勧めています。

＊よき師匠を持つ。

＊よき友人を持つ。

仏教の修行は、生やさしいものではありません。

忍耐強く、がんばっていかなければ、悟りを得ることはできません。

人間は弱い存在ですから、修行の途中で心が揺らいで、くじけそうになることもあります。

ブッダは、**そんなときに自分を励ましたり、いいアドバイスをくれたりして、心の支えとなってくれるのが「よき師匠」と「よき友人」である**と教えています。

学校の恩師、仕事でお世話になった人、職場の上司など、「よき師匠」を持っている人は、動じない心で夢や願望を実現していくことができます。

また「よき友人」が身近にいる人は、困難にぶつかって、くじけそうになったときも、踏みとどまって前へ進んでいくことができるでしょう。

逆にブッダは、「人柄が悪く、悪い誘惑をするような師匠や友人であるならば、そのような人からは早く離れてしまいなさい」とも教えています。

◉心の支えとなる「座右の銘」を持つ

動じない心で偉大なことをやり遂げる人には、自分なりの「座右の銘」を持つ人が多いようです。

「座右の銘」とは、「苦しいこと、悲しいことがあったとき、あるいは心が乱れたり、迷いが生じたりしたときに、いつも心に思い出す偉人、賢人の残した言葉」です。

必ずしも「偉人、賢人の言葉」でなくてもかまいません。

父親が自分に言ってくれた言葉で、「心に残っている」「いつも自分を励ましてくれる」といった言葉があれば、それを座右の銘にすることもできるでしょう。

また最近は、音楽の歌詞を「座右の銘」として心の支えにしている人も多くいるようです。好きな歌手の歌の歌詞に、心が励まされるというのです。

ある女性は「言葉ノート」を作っているそうです。

本を読んだり、人の話を聞いていて、「いい言葉だなあ」と感じられたものを、こまめにノートに書き取っておくと言います。

そして時々、ノートにある言葉を読み返してみるそうです。

それらの言葉によって、忘れかけていたことを思い出したり、「さらに努力しなければ」と励まされることも多いようです。

言葉ノートをつける前までは、彼女はどちらかというと「動じやすい心」の持ち主でした。

ちょっとしたことで落ち込みやすく、いったん落ち込んでしまうと、なかなか元気を回復できなかったのです。

また、あきっぽい性格で、一つのことをがまん強くやり続けることができませんでした。

しかし、言葉ノートをつけるようになってからは、少々のことではへこたれないようになり、持続力もついてきたのです。

彼女にとっては、この「言葉ノート」が心の支えとなっているのです。

◉「記録する」ことで目標を達成する

「日々こまめに記録を取っていくことで、動じない心を作った」という話を聞いたことがあります。

ある女性は、これまで何度もダイエットに挑戦しましたが、そのたびに失敗していました。

そこで、ダイエット専門のカウンセラーに相談したところ、日々の体重を記録するようアドバイスされたそうです。

カウンセラーは、この「記録する」という方法で、これまでに多くの女性がダイエットに成功してきたと説明しました。

彼女は当初、本当に記録するだけでダイエットできるのか疑問だったそうですが、とにかく言われた通りに実行してみました。

その結果、本当にダイエットに成功したと言います。

「記録する」ことは、「やる気を持続する」という効果があるのです。

人は、単に心の中で「がんばろう」と思うだけでは、やる気が持続しません。「怠けたい」「今日ぐらい、いいだろう」「どうせ無理に決まっている」といった感情に心を乱されて、途中で挫折してしまうことが多いのです。

しかし、実際の成果を、「おとといよりも昨日は０・５キロ体重が減っていた。今日は昨日よりもまた０・５キロ体重が減っていた」という記録に残しておくことによって、「明日も、またがんばろう」と気持ちが前向きになっていくのです。

やる気を邪魔する感情にとらわれそうになったときも、だんだん体重が減ってきている記録を見返しながら、「ここまでがんばってきたのだから、ここで挫折してしまったらもったいない」という気持ちにさせてくれます。

記録することは、動じない心で努力を継続していくために効果的なのです。

◉お金にケチケチしていると、心が安らがない

ブッダは、『法句経《ほっくきょう》』という原始仏典の中で、「お金のことでケチケチしている人は、心の安らぎを得られません」と教えています。

とはいうものの、ケチな人というのは「心の安らぎを得たい」と思って、お金のことでケチケチしているのです。

お金を使わず、寄付をすることもせず、ひたすらお金を貯め込もうとするのです。「イザというとき、お金を持っていなかったら大変なことになる。お金はいくらあっても邪魔にはならない。だからイザというときのために、貯められるだけお金を貯め込んでおこう。お金があれば安心できる」と考えるのです。

しかし現実には、お金がどんどん貯まったとしても「安心できる」という心境にはほど遠いのです。

むしろ、お金が貯まれば貯まるほど、新たな心配事で心が乱れることになります。

仏教に、次のような説話があります。

大金持ちの商人がいました。その商人は、「お金を貯めることで、安らぎのある生活を送りたい」と、一生懸命お金を貯めました。

問題は、貯めたお金をどこに保管するかです。

商人は最初、頑丈な金庫に入れておこうと考えました。それでも、「ドロボウに入られて、盗まれることになるのではないか」と、心配でしょうがありません。

次に、土の中深くに埋めてしまうことも考えました。しかし、「モグラやネズミに持っていってしまわれないか」と、やはり心配でしょうがありません。

次に、山の奥に隠そうと思いつきました。しかし、「キツネやタヌキに奪われてしまうのではないか」と、心配になってきます。

名案がまったく思い浮かばないまま、商人はとうとうノイローゼになり、毎日眠れなくなってしまいました。

倹約や節約はいいのですが、ケチケチして、たくさんのお金を貯め込むことは、かえって安らかに生きることを不可能にしてしまうこともあるようです。

◉お金を上手に使うと、むしろ心が安定する

「愚かな人はお金を自分で使いません。人に与えようともしません」

この言葉は、『相応部経《そうおうぶきょう》』という経典に出てくる言葉です。

「お金を使わず、恵まれない人のために施すこともなく、ケチケチとお金を貯め込もうとする行為は愚かである」と教えているのです。

なぜお金を貯め込むことが愚かな行為なのかと言えば、「貯めたお金を誰かに盗まれないか。災難にあって失うことにならないか」と、いつも心配して生きていかなければならなくなるからです。そんな心配事のために、安らかで、幸福な気持ちで生きていくことができなくなるのです。

ですから仏教は、「正しくお金を使いなさい」と教えます。

お金を使うといっても、ぜいたくをするわけではありません。節約は大事ですが、ケチになってはいけないということです。

もちろん、余ったお金があれば、恵まれない人や、困っている人に寄付してもいいでしょう。

そのようにお金を使うことによって、「自分はこの世の中の一員として生きている。お互いに支えあって、助けあって生きている。自分は世の中のために役立っている」という意識が生まれます。

この意識が、「動じることのない、大きな安心感」につながるのです。

ですから、**お金を貯め込むよりも、むしろ正しく使っていくほうが、安らかに生きていくことができます**。

ケチな人は、「この人は、私をだまして、せっかく貯めたお金を奪うつもりではないか」と、いつも警戒していますから、いい友だちや、信頼できる家族を持つことができません。

ですから、ケチな人は孤独です。その孤独感も、心を乱す原因になります。

一方、お金を上手に使う人は、周りの人たちの大きな愛情に包まれます。これも、「安らかに生きていける」秘訣です。

◉「自分を守ってくれるもの」の存在を感じてみる

仏教には、「人は誰でも仏様に守られている」という考え方があります。ですから、仏教の教えを信じている人は、いつでも心安らかでいられるのです。どのような状況になろうとも、慌てたり、焦ったり、騒いだりすることなく、冷静でいられます。

「動じない心」を持つために、「自分を守ってくれるものの存在」を信じてみたらどうでしょうか。それは、何も「仏の存在」でなくてもかまいません。

一日のうちで、五分から十分の間、頭の中を空っぽにして、ボーッとする時間を持つ習慣を作ってみましょう。

仕事や、やらなければいけない用件など、すべて忘れ去って気持ちを静め、ぼんやりとしてみるのです。

そして、自分を守ってくれるものの姿をイメージしてみます。

そうすると、「自分一人の力で生きていると思っていたが、じつは家族や友人、仕事の仲間など、たくさんの人たちに守られて、自分は生きているのだ」ということがわかります。

つい先日、ケンカをしてしまった相手や、仕事のライバルも、じつは自分を守ってくれる大切な存在であることがわかってきます。

と同時に、心が大きな安らぎに包まれて、「どんな困難に見舞われようと、つらい体験をすることがあろうとも、自分は動じない心で強く生きていけるだろう」という自信がわいてくるでしょう。

そういった「自分を守ってくれるものの存在」を感じ取ることができない人は、ちょっとした困難にぶつかっただけで、心がくじけてしまいがちです。

ボーッとする時間、ぼんやりとする時間が、人に大切なことを教えてくれます。そして、生きる自信を与えてくれます。

◉自分を守ってくれるものを「守ってあげる」気持ちを持つ

「自分を守ってくれる存在」を信じることが、「安らぎの心」「動じない心」をもたらしてくれます。ここでさらに話を進めます。もっと深い安らぎ、もっと強い不動心を作る方法があります。それは、自分を守ってくれる存在を、自分のほうから積極的に「守ってあげる」ことを心がけることです。

あるお寺での話です。その寺へよく参拝し、来れば必ず「交通安全」のお守りを購入していく男性がいたそうです。

ある日、その男性が寺の住職のところへやってきて、こう言いました。

「こちらの交通安全のお守りは、本当に御利益があります。私は多少乱暴な運転をする人間なのですが、それでもこれまで事故を一度も起こしたことはありません。これからもスピードを出したり、危ない運転をすることもあるでしょうが、このお守りが自分を守ってくれていると思うと、安心していられます」

この話を聞いて、その住職は彼に説教をしました。

「あなたは、お守りを持つことの意味を勘違いしているようです。お守りというのは、あなたを守ってくれる存在ではありません。お守りに宿っている仏様を、あなた自身が守ってあげなければならないのです。ですから、お守りの仏様を交通事故にあわせないようにと、安全運転を心がけなければなりません。そうやって、お守りの仏様を守ってあげるという意識が、じつは、あなた自身を守ることにつながるのです。お守りが守ってくれているからと、このまま危ない運転を続けていたら、今後、悲惨な目にあうことになるでしょう」と。

この話は「動じない心」を考えるうえでも、とても興味深いものです。

「守られている」という以上に、もっと深い、もっと大きな「心の動揺から離れて、深い安らぎに満ちた生活」を得るために大切なのは、「自分を守ってくれるものを守ってあげる」ことを心がけることなのです。

この住職は、そのことを教えてくれているのです。

◉「自分が守らなければならないもの」を見つける

「自分を守ってくれるものを、守ってあげること」が、より深い安心感、より大きな「動じない心」をもたらしてくれるということは、前項で触れました。

「私は両親によって守られている」と、両親の愛情に甘えてばかりいるのではなく、みずから両親を安心させ、両親に喜んでもらえるように、立派な人間になるよう努力する必要があります。

いい学校を出て、いい就職先を見つけ、やりがいのある仕事に就いてがんばっている姿を見せることは、両親を安心させることになりますが、それは同時に自分自身の人生を安心して、動じない心で生きていくことにつながります。

「私は会社に守られている」と、会社にオンブにダッコで依存するのではなく、会社の永続的な発展のために一生懸命貢献しましょう。

リストラの対象になりやすいのは、会社に依存している人たちです。

会社のために貢献している人は、リストラの対象にはならないでしょう。

また、一生懸命働いて成果を出している人は、たとえその会社が倒産したとしても、他の会社が放っておかないでしょう。

「ぜひ、うちの会社に来て働いてほしい」という声が、たくさん届くのではないでしょうか。

そう考えれば「会社を守る」ことを心がけていくほうが、単に「会社に守られている」と安心しているよりも、より大きな安心感を得られるでしょう。

「自分を守ってくれているものは何か」を考えると同時に、「自分が守っていかなければならないものは何か」を考えましょう。

それが見つかれば「動じない心」で、安心して暮らしていくことができます。

第５章のポイント

心の支えとなるものを作っておけば、
心が動じることはない。

「日々の成長を記録していく」習慣が、
動じない心を作る。

お金にケチケチせず、むしろ上手に
お金を使うことで安心感を得られる。

「自分を守ってくれる存在」を信じれば、
安らかに生きていける。

「自分を守ってくれているものを
守ってあげる」気持ちを持つ。

第6章

あわただしい日々の中に安らぎを見つけ出す

◉スケジュールを前倒しする

「毎日忙しい。時間に追いまくられながら暮らしている」という思いを抱きながら、暮らしている人が多いのではないでしょうか。

「忙しい」の「忙」という字は、「心を亡くす」と書きます。

しかし、どんなに忙しくても、自分を見失うことなく、ゆとりのある心で暮らしている人たちもいます。

では、忙しい中でも、心を亡くすことなく、ゆとりを持って暮らしていくには、どうすればいいのでしょうか。

その一つの方法が、時間の使い方を工夫してみることです。

たとえば、「予定の時間を五分前倒しして始める」という習慣を心がける、という方法があります。

＊起床時間より五分早く寝床を出る。
＊始業時間の五分前に仕事を始める。
＊会議のときは、五分前に席についている。
＊終業時間の五分前に仕事を終える。
＊待ちあわせの時間の五分前には到着しておく。

このように「五分スケジュールを前倒しする」という習慣を持つだけでも、心にゆとりが生まれるでしょう。

「時間に追われる」のではなく、「自分から時間を先取りする」という気持ちで生活できるようになります。

気持ちも前向きになり、何事にも積極的に立ち向かえるようになります。

そして、どんなに忙しい状況でも、動じない心で暮らしていくことができるようになるのです。

◉一日のはじめに、ゆとりの時間を持つ

「一年の計(計画)は、元旦にあり」と言いますが、「一日の計は、一日のはじめにあり」とも言えるのではないでしょうか。

いずれにしても「出だしが肝心」です。

「出だし」につまずくと、その後もアタフタとした状態になってしまいます。

「どうしよう。遅刻しそうだ」と、慌てて家を飛び出してきた日は、職場へ行っても、学校へ行っても、落ち着いた気持ちで仕事や勉強に取り組むことができません。

気持ちが落ち着かず、集中力が散漫となって、つまらないミスを連発するかもしれません。授業の内容も、頭に入ってこないかもしれません。

仕事や勉強に集中して打ち込むためには、「一日のはじめの過ごし方」が大切になってきます。

一日のはじめは、ゆとりの時間を持つよう心がけましょう。

できれば、近所の公園を散歩する時間を作るとよいでしょう。

朝の空気は清々しく感じられるはずです。木々の緑も美しく感じられます。鳥の鳴き声も元気です。

そのように、「自然に接する時間」を持つことで、職場や学校へ行ってからも、心にゆとりを持って、また集中して、仕事や勉強に打ち込めるようになるでしょう。

一日のはじめに、いい時間の過ごし方をすれば、その日一日が「充実した、いい日」になります。

「動じない心」は、ある意味「心のゆとり」から生まれると思います。

心にゆとりがない状態でいると、ちょっとしたことで心が乱れ、集中力が失われてしまいます。

心のゆとりを作り出すためには、「ゆとりある一日のはじめの時間」を過ごすことが大切です。

◉乱れた心を瞑想で整える

「動じない心」を身につけるため、瞑想する習慣を持つことが、とても有効です。

瞑想は乱れた心を落ち着け、怒りやいら立ちを静め、心から迷いを取り払ってくれます。

瞑想することを勧めると、よく次のような質問をされることがあります。

* 瞑想と言われても、どんなことをすればいいのかわからない。
* どんなときに瞑想すれば効果的か。
* 忙しくて瞑想する時間がない。

では、このような疑問に対して、どのように日常生活の中に瞑想する習慣を取り入れていけばよいのかを説明していきたいと思います。

「瞑想する」と言うと、何か特別な能力がないとできないと思っている人が多くいます。しかし、そのようなことはありません。老若男女、誰でもできます。

基本的な方法を箇条書きにしておきます。

①目を軽くつぶる。
②気持ちを静める。
③何も考えない。
④呼吸を意識する。
⑤腹式呼吸で、深く息を吸い込む。
⑥ゆっくりと時間をかけて息を吐く。

ポイントは「呼吸」です。お腹を膨らませながら鼻から深く息を吸い、お腹をへこませながらゆっくり、時間をかけて息を吐き出します。

何回か繰り返せば、それだけでも気持ちの乱れを防ぐことができます。

◉深い呼吸で心を無にする

瞑想する際の呼吸法について、詳しく述べておきます。

おへその下あたりの奥の部分を、漢方医学では丹田《たんでん》と言いますが、この部分へ空気を溜め込むように意識しながら、息を吸い込みます。

息を吸い込むときには、当然お腹が膨らみます。

肺の力で息を吸い込むのではなく、お腹を膨らませることによって、いい空気を体内に取り込む、といった感覚です。

息を吐き出すときには、お腹をへこませます。

しかし、一気に吐き出してしまってはいけません。

できるだけゆっくりと息を吐き出すのがコツです。

その際に、息を吐き出すことだけに気持ちを集中させます。

体の中から悪いものをすべて吐き出す気持ちを持つとよいのです。

そうすることで、心からよけいなものが取り払われ、心が「無」の状態になります。

心を「無」の状態にすることが大切なのです。

そうすることによって、深い意味で心が静まります。

焦りや、イライラした感情、迷いや戸惑いが、心の中から取り払われるのです。そして心が整理され、冷静に、今の状況にどう取り組めばいいのかが見えてきます。信念を持って、「こうすればいい」と決めたことへ突き進んでいく行動力が生まれます。

本来であれば、一日五分〜十分程度、瞑想する時間が取れればいいのですが、二、三回、この丹田を意識した深い呼吸を繰り返すだけでも、十分に効果があります。

あわただしい生活に追われている現代人には、「心を無にする」機会がありません。

しかし、**心を無にする機会を作ることは、動じない心で暮らしていくためにも、とても大切なのです。**

◉時間がなくても瞑想はできる

「毎日忙しくて、のんびり瞑想にふけっている時間なんてない」と言う人がいます。

しかし、瞑想するのに、それほど手間も時間もかかりません。

感情がたかぶったときに、二、三度腹式呼吸を繰り返すだけでも、心の乱れを整え、感情を静め、動じない心を作るのに役立ちます。

「瞑想する時間がない」と言う人は、おそらく禅寺で行われるような坐禅《ざぜん》のイメージがあるのではないでしょうか。

禅寺では、一回の坐禅は、一本の線香が燃え尽きるまで続けるのがよいとされています。時間にすれば、三〇分から四〇分ぐらいです。

確かに、「それだけの時間を瞑想についやすことはできない」という人も多いでしょう。しかし禅には、坐禅の他に「立禅《りつぜん》」という方法もあります。文字通り、立ちながらする禅、つまり瞑想です。

立禅であれば、たとえば電車の中でもできます。吊革につかまりながら呼吸を整え、瞑想にふけってもいいでしょう。

朝と帰りの通勤電車の中で、それぞれ五分~十分程度瞑想する時間を作ることなら、どんなに忙しい人でもできるはずです。

座席に座れたときには、座席に座りながら瞑想すればいいのです。

仏教の説話に、こんな話が残されています。

ブッダが弟子たちを連れてガンジス川を渡ろうとしたのですが、あいにく舟が向こう岸へ行ってしまっていました。舟がこちら岸へ戻ってくるまで、ブッダは弟子たちに「瞑想しよう」と語りかけ、河原で瞑想を始めました。

仏教説話には、ブッダがこのように瞑想する場面がよく登場します。暇さえあれば、ブッダは時と場所を選ばず、瞑想にふけっていたのです。

それくらい「動じない心」を育むためには瞑想が大切だ、とブッダは考えていたのです。

◉落ち込んでいるときは、心が安らぐ言葉をかける

激しく落ち込んでいる人に、言ってはいけない言葉があります。

「がんばってください」という言葉です。

不用意に「がんばって」と励ますと、相手はいっそう落ち込んでしまいます。

「私は精一杯がんばっている。だけど、うまくいかないのだ。がんばってと言われても、これ以上どうがんばればいいのか」と、いっそう落ち込んでしまうのです。

ですから、落ち込んでいる人には「がんばって」ではなく、もっと心に安らぎを与えるような言葉をかけてあげるとよいでしょう。

＊だいじょうぶ。
＊何とかなる。
＊気にすることはない。

＊楽に生きていこう。

このような言葉です。

これは「自分自身に対して」も同じことです。

ときには自分に「がんばれ」という声をかけて励ましてあげることも大切でしょう。

しかし、失敗したり、挫折したり、誰かに叱られたりして落ち込んでいるときには、自分に向かって「何をボヤボヤしているんだ。もっとがんばれ」という声をかけるのは禁物です。

それは自分自身を、ますます落ち込ませる原因になります。

ですから、そういうときには、「だいじょうぶ。何とかなる」と、自分の心を慰めてあげるほうがいいでしょう。

「がんばれ」と自分を励ますのと同時に、そのときの状況によっては、**上手に自分を慰めることのできる人が、「動じない心」で物事を最後まで成し遂げることができるのです。**

◉世の中は「思い通りにならないもの」と考える

せっかちな性格の人ほど、物事が思い通りにならないと、心がイライラしてきます。

「今年こそ結婚を決めたい。なのに彼は、まだ結婚に乗り気ではないみたい」

「電車が遅れている」

「知りあいが、待ちあわせの時間を五分過ぎているのに現れない」

「レストランで注文したものが、なかなか出てこない」

「長話につきあわされている。忙しいから、早く話を切り上げたい」

「これから寝ようと思っているところに、知りあいから電話がかかってくる」

ここに挙げたような状況になると、せっかちな人は心のイライラが爆発しそうになってしまいます。

実際に爆発してしまって、「なぜ約束を守れないんだ」「なぜ時間通りにできないんだ」「なぜ、こちらの都合を考えてくれないんだ」と、怒ってしまう人もいるのではないでしょうか。

とはいえ、**この世の中は「思い通りにいくこと」よりも、「思い通りにならないこと」のほうが、ずっと多いのが現実です。**

ですから、せっかちな人は、一日中朝から晩までイライラ、カリカリしていなければなりません。

平安時代の天台宗の仏僧である源信《げんしん》は、「人の世にあるとき、求めるところ意の如くならず」という言葉を残しています。

「世の中は、とかく思うようにならないものだ」という意味です。

源信は、「だから思い通りにしようと思ってはいけない。そう思うからイライラが溜まる。最初から、思い通りにはならないものだと、あきらめておけばいい」と言っているのです。

この源信の言葉に従うことが、何があっても心が動じることなく、安らかに生きていくための秘訣になるのではないでしょうか。

◉日々成長していることを信じる

ある女性は、「五年前の自分に比べて、今の自分は人間的にも、女としても、ちっとも成長していない。仕事のキャリアも積めていない」と感じて、よく落ち込むそうです。

彼女ばかりではなく、「本当に自分は成長しているのか。ちっとも成長していないのではないか」という心の迷いから、がんばる意欲を失いかけている人が多いのではないでしょうか。

しかし、「成長していない」のではありません。**本当は確実に成長しているのですが、本人がそれに気づいていないだけなのです。**

アンデルセンの童話に『みにくいアヒルの子』という話があります。

一緒に生まれ育ったアヒルの兄弟に比べて、自分だけみにくい姿をしていることを嘆《なげ》き、その「アヒルの子」は、親や兄弟と離れて放浪の旅に出ます。

しかし行く先、行く先、どこへ行っても仲間外れにされてしまいます。ある日、池の水面に映った自分の姿を見て、「アヒルの子」は驚きます。そこに映っていたのは、美しく成長した白鳥の姿でした。「アヒルの子」は、アヒルではなかったのです。じつは白鳥だったのです。

この物語のように、人間も、ある日突然見事に成長した自分の姿を発見して驚く場合が多いのです。

その人自身が、ある日突然成長したのではありません。実際には日々少しずつ成長していたのですが、本人は気づかぬまま過ごしていたのです。そして、ある日、日々の成長が積み重なった自分の姿を見て、「自分はこんなに成長していたのか」と気づかされ、驚くのだと思います。

ですから、心配する必要はありません。

自分が「白鳥の子」だったと気づく日が、やがてやってくると信じて、前を向いて元気に歩いていくことが大切です。

第6章のポイント

時間を先取りしていくことで、
慌てることなく暮らしていける。

瞑想する習慣を持つことが、
乱れがちな心を静めてくれる。

心が乱れているときには、
深呼吸するだけでも落ち着く。

「がんばろう」よりも、
「だいじょうぶ」を口グセにする。

世の中を自分の思い通りに
しようと思わない。

第7章

日々の習慣から「動じない心」を作る

◉「動じない生活」が「動じない心」を作り上げる

鎌倉時代の禅僧で、曹洞宗《そうとうしゅう》開祖の道元《どうげん》は、「身を浄《きよ》むるは、心を浄むるなり」と述べています。

「身を浄むる」とは、「清らかな生活を送る」という意味です。

「清らかな生活を心がけてこそ、精神も清らかになっていく」という意味です。

欲にまみれた、ふしだらな生活を送りながら、心だけを清らかに保つことなど不可能なのです。

ですから道元は、「清らかな生活を心がける」ことを重視するのです。

「動じない心を持つ」ことを実践するうえでも、同様のことが言えるのではないでしょうか。

「動じない生活を心がけることが、動じない心を持つことにつながる」のです。

それでは「動じない生活」とは、どのようなものなのでしょうか。

＊規則正しい生活。
＊口に出したことは行動に移す。有言実行。
＊人との約束は必ず守る。
＊食べすぎない。飲みすぎない。節度の取れた生活。
＊怠けない。しかし、働きすぎない。バランスのいい生活。
＊異性関係の乱れを慎む。

生活の乱れは、心の乱れにつながります。

そのためにイライラしてきたり、怒りっぽくなったり、移り気になったりします。

規則正しく、きっちりとした生活を心がけていくことで、気持ちの乱れもおさまり、仕事などに集中できるようになるのです。

また、家庭でも、落ち着いた気持ちで過ごせるようになります。

道元の「身を浄むるは、心を浄むるなり」という言葉は、動じない心で生きるコツをも教えてくれているのです。

◉シンプルな生活を心がける

仏教の教えの大切な目的の一つは、「心の迷いから離れて、揺るぎのない安らぎの境地を得る」ことにあります。

いわば「動じない心」を獲得することだと言ってもいいでしょう。

仏教は、そのための方法として、「シンプルな生活を心がけなさい」と教えます。

もう少し具体的に言うと、次のようなことでしょう。

＊生活していくうえで必要なものだけを身近に置き、それ以上のものを求めない。

＊ぜいたく品を得ることに喜びを求めるのではなく、簡素な生活に満足する。

＊身の周りに置くものをできるだけ減らし、広々とした部屋で毎日を過ごす。

人は、「自分は幸福ではない」という思いに取りつかれると、心が乱れます。心が落ち込み、悲しくなり、怒りの感情がわき上がります。

では、なぜ自分は幸福ではないと思うのでしょうか？

多くの人たちは、次のように考えます。

「隣の人は自動車を持っているのに、うちは車を買うこともできないからだ」

「友人に比べて自分は給料が少なく、ぜいたくができないからだ」

しかし仏教は、「それは間違い」だと考えます。むしろ、よりぜいたく品に恵まれた生活、物質的に豊かな生活を追い求めるから幸福感を得られない、と教えているのです。

なぜなら、人の欲望にはキリがないからです。

自動車を手に入れたとしても、給料が上がったとしても、「しかし、あの人に比べれば、まだ自分の生活は物足りない」と思えてきてしまうでしょう。そして永遠に、落ち込み、悲しみ、怒りというマイナス感情で心を乱されることになるのです。

仏教は、**「ぜいたくや、ものの豊かさを追い求めるのをやめ、今持っているものに満足することを心がければ、落ち込み、悲しみ、怒りという感情から離れ、動じることのない安らぎの境地を得られる」**と考えているのです。

◉字をていねいに書くと、気持ちが落ち着いてくる

お寺では、よく写経会が催されます。

一般の人たちが集まって、お経の一節を毛筆で紙に写し取っていきます。

写経に参加した人たちの話を聞くと、誰もが「ひとつひとつの字を、ていねいに書き取っていくうちに、心の乱れがおさまって安らいでいく」と言います。

きっと「ていねいに字を書く」という行為には、精神を安定させる効果があるのではないでしょうか。

あるイラストレーターの女性は、こんな話をしていました。

「家族とケンカしたり、思ってもみなかったアクシデントに見舞われて心がイライラ、ソワソワしているときには、仕事に集中できなくなります。仕事をしていても、つい関係ないことを思い浮かべてしまい、手が進まなくなってしまうのです。そのような

ときには、いつもよりていねいにイラストを描くように心がけているのです」

彼女は一本一本の線を、時間をかけて、ていねいに描く作業をしているうちに、乱れた心が落ち着いてきて、自然に仕事への集中力も増していくと言います。

今は、パソコンが普及して、手書きで字を書くという習慣を持たない人も増えてきています。

絵やイラストは、それを仕事や趣味にしている人以外は、一般的にあまり描く機会はないかもしれません。

しかし、**「どうも気持ちが落ち着かない」といったときには、「ていねいに字を書く」「ていねいに絵を描く」ことを試してみるとよいのです。**

日記をつけるのでも、絵手紙を描くのでも、何でもいいでしょう。

乱れた気持ちを落ち着け、物事に集中するために、とても役立つ方法なのではないかと思います。

◉ていねいに掃除すると、精神統一できる

「ていねいに掃除する」ことは、乱れた心を静め、精神統一するために有効です。禅寺では、様々な修行が行われます。坐禅だけが、禅の修行ではありません。「掃除」も大切な修行の一つなのです。

禅僧は、禅を組んでいる時間よりも、掃除をしている時間のほうがはるかに多いそうです。

禅では、庭をはき清めたり、廊下を磨いているうちに心の迷いが取り払われ、気持ちが静まって集中力が増す、と考えられているのです。

確かに、一般の観光客に内部の様子を開放している禅寺へ行くと、庭や建物の隅々まで、ていねいに掃除されているのに感心させられます。

「ていねいに掃除する」ことが精神統一に役立つのであれば、職場でいいアイディアが思い浮かばずにイライラしているときには、自分のデスクの上を掃除してみるのも

いいかもしれません。

いったん仕事から気持ちを切り離して、机の上に散らばっている書類を整理します。

ついでに、引き出しの中も整理してみましょう。

デスクの周りのゴミも拾いましょう。

デスクの近くにある窓を拭いてみるのもいいかもしれません。

ていねいに掃除しているうちにイライラが静まって、ふと「こうすれば、うまくいきそうだ」という、いいアイディアが心に浮かんでくることがあるかもしれません。

こんな話も聞いたことがあります。

アメリカの大リーグの、あるスター選手は、試合が始まる前には必ずバットとグローブをていねいに磨くそうです。

ていねいに磨くという行為によって、試合への集中力が高まり、大活躍できるというのです。

このように**「ていねいな掃除や磨き」も、「動じない心」を作るのに役立ちます。**

◉足をきっちりそろえると、心が落ち着いてくる

仏教には、「心の乱れや動揺は仕草に表れる」という考え方があります。禅におもしろい言葉がありますので、紹介しておきましょう。

「脚下照顧《きゃっかしょうこ》」というものです。

「脚下」とは「足元」、「照顧」とは「よく見てみなさい」という意味です。

心に迷い事があったり、イライラした落ち着かない気持ちでいると、無意識のうちに貧乏ゆすりをしていることがあります。

足が、だらしなく開いていることもあります。

足を組んだり、開いたり、また足を組んだり、また開いたりと、足の動作が激しくなっている場合もあります。

「足がそのような状態にあるときは、心が乱れている証拠なのですから、時々自分の足元を見て、自分の精神状態をチェックしてみてください」というのが、「脚下照顧」

という禅語の意味です。

この教えは、現代社会に暮らす一般人にも活用できるのではないでしょうか。

日常生活の中で、時々自分の足元の様子を観察してみましょう。

もし足がきっちりとそろっていないとき、激しく動いているときは、心が動揺しているかもしれません。

そのときは深呼吸をしたり、しばらく瞑想したりして、心を静めましょう。

逆に足をきちっとそろえることで、気持ちが落ち着いてくることもあります。

大事な商談にのぞむにあたって、緊張からガチガチになってしまったときには、意識して足をきっちりとそろえるようにするとよいのです。

不思議と緊張が和らぎ、動じない心で自信満々に商談にのぞむことができると思います。

心の状態と、体の仕草とは密接に関係しあっているようです。

◉「結界《けっかい》」を作り、気持ちの切り替えを上手にする

気持ちの切り替えを上手にすることも、「動じない心」を育むうえで大切なことです。イヤな出来事をいつまでも心に引きずって、「あんなことしなければよかった」という後悔や、「なんて自分は愚かな人間なんだ」といった自己嫌悪に心を乱されたままでは、安らかに、楽しく暮らしていくことはできないでしょう。

人の生活には、楽しいこと、うれしいことばかりではありません。

「文句を言われてイヤな思いをした」

「とんでもない失敗をした。誰かに迷惑をかけた」

「うまくいくと信じていたことが、うまくいかなかった」

「自分の不注意が原因で、恥ずかしい思いをした」

そのようなイヤな出来事もたくさんあります。

ですから、そのようなイヤなことがあったときには、心の動揺、心の乱れを上手に

断ち切って、できるだけ早く平常心に戻るようにすることが重要です。

心の乱れを断ち切り、上手に気持ちを切り替えるために参考にしてほしいのが、仏教の「結界」という考えです。

仏教は、人が暮らしている一般社会を「俗界」と呼んでいます。一方で、お寺の内部は「聖域」です。この「俗界」と「聖域」の境界線を、仏教では「結界」と呼んでいます。

そして、結界である門を越えて聖域であるお寺の中に入っていくときには、俗界で受けた心の乱れを静め、イヤな思い出や、心に溜まったストレスをきれいに取り払っていかなければならない、と教えています。

このような、いわば**「心を静める」「イヤな思い出を忘れ去る」ための結界を、日常生活の中に自分なりにいくつか作っておくのです。**

たとえば、家の玄関を「お寺の、結界としての門」として、少なくとも家庭には、外で経験したイヤな思いを持ち込まないようにするといいかもしれません。

◉「やりたい」と思っていることを、すぐに実行してみる

人が日常やらなければならないことは、たくさんあります。

上司から「やってください」と命じられた仕事を、期限までに終わらせなければなりません。果たさなければならない世間の義理もあります。

その他の雑多な用件も、山のように待ち構えています。

それらに追いまくられて忙しい生活を送っていると、「自分らしい生き方」がどんどん失われていくように感じられてきます。

ある女性は、こんなことを言っていました。

彼女は「このままではいけない」と反省し、「何か自分らしい生き方、自分らしい喜びや楽しみを実感できることを始めたい」と思っていました。

しかし、頭の中でそう思うばかりで、現実には忙しさに追われて「自分らしい喜び

や楽しみを実感できること」はできませんでした。

しかし、あるとき彼女はハッと気づいたのです。

「頭の中で考えているだけでは、何も変わらない。行動に移さなければ、自分の生活は何も変わらない」と。

そこで彼女は、休日の過ごし方を変えることから始めました。

これまで休日といえば、家でウダウダしているだけだったのですが、以前から興味を持っていたガーデニングを始めたのです。現在は、たくさんのガーデニング仲間もできて、自分らしい生活を楽しんでいるそうです。

人は、頭の中で考えているだけのときには、「そうは言っても面倒くさい」「本当に自分にできるのだろうか」といった様々な迷いが生まれます。

しかし、実際行動に移してみると、案外簡単に持続していくことができるものです。

頭の中で「やりたい」と思っていることを、すぐに実行してみると、道が開けるかもしれません。

◉自分の生活の中に満足できる点を探す

『無量寿経《むりょうじゅきょう》』という仏教の経典に、次のような言葉が出てきます。

「田《でん》あれば田を憂え、宅あれば宅を憂う。田なければまた憂えて、田があることを欲し、宅なければまた憂えて、宅あることを欲する」

この言葉を私なりに現代語訳すると、次のようになります。

「田んぼを持っていない人は、『田んぼがほしい』と嘆きます。しかし、田んぼを持つことができれば、今度は『どうして私の田んぼは作物の収穫量が悪いのだ。雑草ばかり生えてくるのだ』と言って嘆きます。自分の家を持っていない人は、『自分の家を持ちたいものだ』と嘆きます。しかし、自分の家を持つことができたら、今度は『住み心地が悪い。周りの環境が悪い』と言って嘆きます。結局、人間は一生嘆いてばかりいるのです」

この経典に出てくるように、「嘆いてばかりの人生」を送っている人は、今の世の中にも多いのではないでしょうか。

もちろん、嘆いてばかりの人生では、生きていて何の楽しみもないでしょう。生きることに前向きな気持ちになれません。

そこで発想の転換をしてみましょう。

「不満に思うことを探す」のではなく、どのような生活であれ、自分の生活に「満足できるところ」を探す、という心の習慣を持つのです。

「田のない生活」「家のない生活」であっても、おいしい食事が食べられるとか、親しい友人がいるとか、満足できる点はあるはずです。それを自分なりに探してみるのです。

もちろん「田のある人」「家のある人」は、それに満足しましょう。

そうすれば、心が動じることなく、自分の人生を前向きに、楽しい気持ちで生きていくことができます。

第７章のポイント

生活の乱れを正せば、
心の乱れも正される。

シンプルな生活を
楽しむ心を持つ。

字をていねいに書くと、
気持ちが落ち着く。

心が乱れているときは、
身の周りを掃除してみる。

「やりたい」と思って
いることを行動に移す。

第8章

「あがり症」を克服して自信を持つ

◉緊張するのは当たり前だと考える

人前に出ると「あがってしまう」と言う人がいます。

パーティで、スピーチをしなければならなくなったとき。

プレゼンの司会を任されたとき。

会議で発表をするとき。

このような状況であがってしまい、ふだんはしないような失敗をしたり、何を話したらいいかわからなくなり、頭の中がまっ白になった、という経験を持つ人もいるのではないでしょうか。

そういう意味で、人前に出て何か話すときにも「動じない心」を手に入れたい、と考えている人も多いのではないかと思います。

それでは、「あがり症」克服法について、いくつかアドバイスしていきましょう。

まず言っておきたいのは、**「あがる」ということは、何も特別な反応ではないということです**。人前に出れば、誰であっても緊張します。

どんなに度胸がある人でも、緊張して心臓がドキドキしたり、手足の動きがぎこちなくなったり、体がガチガチに固くなることがあるのです。

ですから、「自分は特別だ」と思わないようにしましょう。

自分は特別だと思うと、緊張感がいっそう高まり、ますます舞い上がってしまうことになります。

「緊張するのは当たり前だ」と考えることです。

そして、緊張する状況においても、自分が持っている能力を十分に発揮できる、と考えてみましょう。

「あがってしまうから、実力が発揮できない」と考えてはいけません。

あがっていても、存分に力を発揮することは、必ずできます。

その方法を焦らず、学んでいくことが大切です。

◉姿勢を正し、呼吸を整える

仏教の「禅」には、「調身《ちょうしん》、調息《ちょうそく》、調心《ちょうしん》」という言葉があります。

これは、「姿勢を正し、呼吸を整えることで、おのずから心が落ち着いてくる」という意味です。

この禅の教えも、「あがり症を克服する」ヒントになるのではないでしょうか。

人前に立ってガチガチに緊張してきたときには、「落ち着かなくては。気持ちを静めなくては」と誰もが思います。

しかし、いくらそう思っても、人の心というものはなかなか思い通りになってくれません。

かえって、ますます緊張してしまい、自分をコントロールできない状態になってしまう場合も多いのではないでしょうか。

「心を落ち着かせる」「気持ちを静める」以前に、まず試してほしいことが二つあります。

＊背筋をシャンと伸ばして、堂々とした姿勢を取る。
＊腹式呼吸で、息を深く吸い込み、ゆっくりと吐き出す。

禅で言う「調身」「調息」を、まず実践してみてほしいのです。姿勢を正すだけで、「だいじょうぶ。うまく乗り切ることができる」という自信が生まれてくるでしょう。

そして、腹式呼吸で呼吸を整えていくうちに、気持ちも自然と落ち着いてくると思います。

人の「体」と「呼吸」と「心」は、密接に影響しあっています。

緊張から背中を丸め、呼吸も乱れている状態で気持ちを落ち着かせようと思っても、なかなかうまくいきません。

ですから、**まずは「体」と「呼吸」を整えましょう**。そうすることで緊張感が消え、かなり落ち着いていきます。

◉「よく見せたい」という欲をセーブしてみる

人は、なぜ「あがる」のか、考えてみましょう。

それは、「もっとうまくやりたい」「自分のいいところを見せたい」「高く評価されたい。尊敬されたい」という気持ちがあるからではないでしょうか。

好きな異性と二人きりになって「ガチガチに緊張してしまう」のは、相手に「よく思われたい」という強い意識が働いているからです。

しかし、異性であっても、兄弟姉妹が相手なら、そのような緊張感を感じることはありません。

それは「いいところを見せたい」といった気持ちがないからでしょう。

ですから、好きな異性と一緒にいるときも、「よく思われたい」「いいところを見せたい」という気持ちを少なくするよう心がければいいのです。

「よく思われたい」と思うのも、一つの人間の欲ではないかと思います。

この欲を少なくして、「自分にはダメなところもたくさんあるが、ありのままの自分を見てもらえればいい。そのほうが相手との相互理解も深まる」と考えるように心がけるのです。

「よく思われたい」と意識しすぎて、緊張からとんでもない失敗をして恥ずかしい思いをするよりも、ありのままの自分を理解してもらうほうが、相手への印象もよくなるのではないでしょうか。

こちらがありのままの自分を出せば、相手も自然な態度で接してきてくれます。

そのほうがお互いの心も、深い部分で通いあうはずです。

この考え方によって「動じない心」を作ることができます。

◉イメージトレーニングをしてから、大切な場面にのぞむ

「緊張せずに、平常心で大切な場面にのぞむ」には、事前にイメージトレーニングを行っておくことも大切です。

今、プロスポーツや、オリンピックのような国際競技の世界では、幅広くイメージトレーニングが採用されています。

イメージトレーニングとは、緊張感が高まる状況で、自分が持っている能力をフルに発揮するためのトレーニング法です。

この方法は、私たちが人前で話す場面における、あがり症の克服にも役立ちます。

色々なやり方がありますが、基本的なことは次の二点です。

①頭の中で緊張する場面を思い描く。

②その場で自分がリラックスして、能力を発揮しているところをイメージする。

まず自分が今、「あの場面に立つと、ガチガチになってしまうだろうな」と思っている状況を、できるだけ具体的にイメージします。

そこはどういう場なのか、どういう人たちが一緒に居あわせているのか、自分がどの場所に立っているのか、できるだけ具体的に思い描いてみるのです。

次に、その場で自分が落ち着いて話し、冷静に相手の言葉に対処しているのをイメージします。

また、自分の話が相手に受け入れられ、高い評価を受けている場面をイメージします。願いがかなえられるイメージを心に思い描くのです。

このイメージトレーニングを何度も繰り返します。特に寝る前に行うと、より効果的だと言われています。

イメージトレーニングを繰り返すことによって、「動じない心で、自信満々に、その場にのぞめる」という自信が蓄えられていくでしょう。

◉「予期不安」を捨て、「楽天思考」を心がける

心理学に「予期不安」という言葉があります。

「もし失敗したら恥をかくことになる」

「きっと相手に嫌われる結果になるだろう」

「プレゼンは、たぶんうまくいかない。職場での評価も下がるだろう」

このように「将来的なことを予想して、それに不安を感じる人間の意識」のことを言います。

この「予期不安」も、人前に出るとあがってしまう大きな原因の一つでしょう。

こんな例があります。あるプロ野球のピッチャーが、ある打者と対戦しました。

そのとき、ピッチャーの頭には、「この打者には、何となくホームランを打たれそうな気がする」という思いが浮かんだそうです。

「もしホームランを打たれたら逆転されてしまう。そうなれば自分が負け投手になる。チームメートから非難されるだろうな。応援に来ている人たちからもバカにされるだろう」というネガティブな想像が次々と浮かんできました。

すると、その打者と対戦するのが怖くなってきて、心がガチガチに緊張してしまったのです。

結果的に心が動揺し、スピードのある球を投げられず、本当にホームランを打たれてしまったそうです。

「予期不安」は往々にして、このような痛い失敗を招きやすいのです。

このような「予期不安」におちいらないようにするためには、「楽天思考」を心がけることです。

楽天思考とは、「将来のことをあまり心配せず、物事を楽天的に考える心の習慣」です。

それによって、心の動揺を上手にコントロールできるのです。

◉「自分をコントロールできている」という自信を持つ

仏教の言葉に、「病は不自信の処《ところ》に在り」というものがあります。

「病」とは、ここでは「体の病気」という意味ではありません。「心の乱れ。精神的な苦悩。悲しみや、怒り、いら立ち」といったものを指しています。

「不自信」という言葉は、「自分を上手にコントロールできない状態」を意味しています。

「自分を上手にコントロールできないから心が乱れる」というのが、言葉全体の意味になります。

この言葉は、あがり症を克服するためにも参考になります。

まさに「自分を上手にコントロールできないから、心が緊張してガチガチになってしまう」のではないでしょうか。

よく「緊張して、頭がまっ白になってしまった」と言う人がいます。

この「頭がまっ白になる」というのは、「自分をコントロールできなくなった状態」

を言い表しています。

ですから、言いかえれば、**「自分をコントロールできている」という自信を持てれば、あがり症を克服できるのです。**

その具体的な方法を、二つ紹介しておきましょう。

＊深呼吸を何度か繰り返す。
＊ストレッチをして体をほぐす。

いずれもリラックス法としてよく知られていますが、ここでのポイントは、「自分は今、息を吸って吐くという行為を意識した通りに行っている」「自分は今、意識した通りに手足を動かしている」と考えながら、深呼吸やストレッチを行うことです。

そう意識することで、「自分をコントロールできている」という自信が生まれます。

すると、自信を持って、緊張する場面を乗り越えられるようになります。

◉緊張していることを正直に告白する

緊張からあがってしまい、ガチガチになっているときには、そんな自分の姿を隠そうと思うよりも、むしろ「私、緊張しています。ガチガチになっています」と正直に告白してしまう、という方法があります。

正直に告白することで、心が動じなくなり、気持ちが落ち着くことがあるからです。「ガチガチになっているのを気づかれたくない。気が小さいと思われるのはイヤだ」という気持ちから、じつは、よけいに緊張感が高まってしまうケースも多いのです。

江戸時代の禅僧、白隠《はくいん》は、「鈍《どん》な者でも正直になれば、神や仏になるが筋」と述べています。

「劣ったところがある人であっても、正直をモットーとして生きていけば、神にも仏にもなれる。何事にも動じることのない、強い存在になることができる」という意味です。

ここでは「劣ったところがある人」を、「あがり症の人」に置きかえて、この言葉を読んでみましょう。

「あがり症の人であっても、正直をモットーとして生きていけば、何事にも動じることのない、強い存在になれる」という意味になります。

私は、この白隠の言葉を、このように「あがり症の人」に置きかえて読んでも、いっこうに差し支えないと考えています。

あがり症の人は、人前であがってしまう性格のために、「自分はセールスマンとして成功できない」と考えがちです。

しかし、悲観的になる必要はありません。

正直に「私はガチガチです」と告白しましょう。

「ガチガチになって何が悪いのだ」という気持ちで、堂々としていましょう。

下手に隠そうと思うよりも、そのほうが何事にも動じない心で対処できます。

◉はじめに笑いを取り、なごんだ雰囲気を作る

「笑い」には、緊張感を和らげ、心の乱れを静める効果があります。

ですから、**「緊張でガチガチになったときには、まず笑える話をする」というのも、あがり症克服の大事なポイントになります。**

人前に立って何かを話すときや、大切な商談、好きな異性と二人きりになったときなどは、いきなり本題に入るのではなく、まずユーモアを言うことから始めるようにしてみたらどうでしょうか。

はじめに、おもしろい、笑える話をすることで、その場がなごみます。とてもリラックスした雰囲気になるのです。その結果、自分の心の緊張感もほどけ、落ち着いた気持ちで話をリードしていけるでしょう。

書店へ行けば、たくさんの「ユーモアのネタ本」が出版されていますから、そのような本を読んで、「こういう場面では、こんなユーモアを使う」ということを決めてお

いてもいいかもしれません。

また、相手の笑いを取って、その場をなごませるには、「失敗談を話す」のも効果的です。

ドジなことをした経験や、とんでもない間違いで冷や汗をかいたという体験談は、笑いを取るためのいいネタになります。

失敗談を話すことを、恥ずかしがってはいけません。堂々と失敗談を話しましょう。そのほうが笑いを取れます。

また、深刻な顔をして、重い失敗談を話すのも禁物です。相手に緊張感を与えるような話し方をしたら、相手は笑ってくれません。

笑わせようとした話で相手が笑ってくれないと、自分の緊張感はさらに増す結果になってしまいます。

軽い話で笑いを取るのがコツです。

相手が笑うことで自分の心がほぐれると、リラックスしてのぞむことができるようになります。

第８章のポイント

姿勢を正し、呼吸を整えることで、
気持ちが動じなくなる。

自分を「よく見せたい」
と思わない。

イメージトレーニングで、
自分に自信を持つ。

緊張しているときは、正直に
そう伝えると気持ちが落ち着く。

「笑い」が、緊張した
場面から救ってくれる。

第9章

人間関係で動じないための心得

◉他人を「自分の思い通りにしよう」と思わない

人間関係でイライラ、ムカムカしてしまう原因の一つに、「他人を自分の思い通りにしたい」という思いがあります。

「恋人には、私のことだけを考えていてほしい」

「自分の命じた通りに職場の部下を動かしたい」

「友人のせっかちな性格を直したい」

「親には、もっと立派な人になってほしい」

「上司は、もっと部下思いになるべきだ」

このような感情です。

しかし、相手には相手の都合や生活というものがあります。こちらが思っている通りにならないことも多いでしょう。

たとえば、「恋人に自分のことだけを考えていてほしい」と思っていても、恋人にはやらなければならない仕事があるし、夢や願望もあるはずです。また、人間関係もあるでしょう。

ですから、「自分のことだけを」と思っても、それは無理なことなのです。

その無理なことを願い続けると、「どうして恋人は、自分のことだけを考えていてくれないのか」と不満が溜まり、イライラ、ムカムカといった感情がわき起こります。

すると、心が乱れて、「じつは、あの人は私のことが好きではないのではないか」「それは、私に魅力がないからではないか」といった思いが、頭の中を駆けめぐるようになるでしょう。その結果、気持ちがうわの空になっていき、自分自身の日常生活にも、いろいろな支障が出てくるのです。

相手を自分の思い通りにしたい、と思うのはやめましょう。

「半分くらい自分の願いをかなえてくれれば、それで満足だ」というくらいの気持ちでいましょう。

それが人間関係で「動じない心」を保つコツになります。

◉他人に「当たり前のこと」を求めない

「親切にしてあげたんだから、お礼を言うのは当たり前だ」
「若いんだから、年上には遠慮するのが当たり前だ」
「男なんだから、女性にやさしくて当たり前だ」
「ベテランなんだから、仕事ができて当たり前だ」
「営業マンなんだから、サービスして当たり前だ」

このように言って、怒っている人がいます。確かに、怒って当然のことばかりです。しかし、世の中には、そんな「当たり前」のことができない人がたくさんいるのが現実なのではないでしょうか。

当たり前のことができない人に、いちいち腹を立てていたら、一日中怒っていなければならなくなるでしょう。

そうならないために、「こうするのは当たり前だ」という考え方を捨てたほうがいいのではないでしょうか。

他人に親切にするときには、「お礼」など求めないことです。

ただ「親切にしてあげた」「相手の喜ぶ顔が見られた」ということだけに満足するようにするのです。

人に何かを期待するのはやめることです。「何か特別なことをしてくれたら、もうけものだ」くらいの考えでいましょう。

そのほうが動じない心で、安らかに暮らしていけます。

一方で「当たり前のことを、ちゃんとできる人」との人間関係は、大切にしていくのです。というのも、最初に述べたように、今の世の中、当たり前のことができる人は数少ないからです。

当たり前のことができる人を大切にしていけば、その人はきっと、よき友人、よき相談相手、よきアドバイザーになってくれると思います。

◉苦手なタイプと無理に仲良くなろうと思わない

学生時代には「苦手なタイプの人」とは、無理をして親しくなる必要はありませんでした。

しかし、社会人になると、そうはいかなくなります。

苦手なタイプの人であろうとも、その相手が職場の上司や同僚、取引先、ご近所の人、ママ仲間であったりすれば、つきあっていかなければなりません。

とはいえ、苦手なタイプの人とつきあうことは、心理的な負担になります。

無理をして話をあわせたり、無理をして笑ったり、無理をして行きたくない場所へつきあったりしなければならないからです。

それが精神的なストレスになって、体調を崩してしまう人も実際にいます。

また、自分の友人や家族に八つ当たりして、身近な相手との人間関係がギクシャクしてしまうというケースもあるようです。

これは、苦手なタイプの人と「仲良くやっていきたい」という気持ちが強すぎることが原因です。

いくら職場や近所の人であろうとも、苦手なタイプの人と無理に仲良くする必要はないのです。

事務的に、ほどほどに、つきあっていけばいいのです。

これは、「適当につきあえばいい」という意味ではありません。

社交上のマナーだとかルールはきっちり守りながら、ある程度、距離を置いてつきあっていけばいい、という意味です。

無理に仲良くなるのではなく、かといって無視するのではなく、ちょうどいい距離感でつきあう、ということです。

そうすれば精神的なストレスも少なくなり、苦手なタイプの人とのつきあいで心が乱れたり、動じたりすることもなくなるでしょう。

◉断りたいことはきちんと断る

相手からの頼まれ事を「断れない」と言う人がいます。

ある女性も、断れない人の一人です。

彼女は、「断ろうと思うと心臓がドキドキしてきて、気持ちが動揺して、断ることが怖くなってきて、つい、いいですよ、と言ってしまいます」と語っていました。

しかし、本当は断りたいことなのに引き受けてしまうと、あとで自分自身がつらい思いをしなければならなくなります。気が進まないことをすると、ストレスが溜まりますし、また「断れなかった自分」に強い自己嫌悪を感じる結果になります。

なぜ断ろうと思うと、心臓がドキドキしてくるのでしょうか。

気持ちが動揺するのでしょうか。

なぜ断ることが怖くなってくるのでしょうか。

それは、もし自分が断れば、「相手は怒るだろう」「自分を、なんて親切心のない、冷たい人間なんだと思うだろう」と想像してしまうからです。

しかし、それは思い過ごしです。

「お断りします」と答えても、相手は怒りもしませんし、こちらを冷たいと非難することもないでしょう。

もし相手が怒ったり、冷たいと言ってきたりしたら、その相手は自分のことしか考えない、わがままな人間である証しです。

そのような相手からの頼まれ事は、はじめから断って正解だったのです。

ただし、断るときの「ものの言い方」には注意が必要です。

＊「申し訳ないけど」というひと言を添えること。

＊引き受けることのできない理由を、きっちり伝えること。

この二点さえ頭に入っていれば、きっぱりと断れるようになるでしょう。

そして、「断れない自分」への自己嫌悪からも解放されます。

◉一人になる時間を大切にする

ある精神科医が言うには、「人づきあいがいい人ほど、キレやすい」そうです。

気心の知れた人たちと一緒に食事をしたり、遊びに行ったりすることは、とても楽しいものです。

また、自分とは違った考え方や趣味を持つ人と話をするのは、自分にとって、いい刺激にもなります。

仲間たちと議論しあったり、力をあわせたりして、大きな仕事を成し遂げることは、大きな喜びにもなります。

しかし、人づきあいは、仕事でのものにしろ、遊びでのものにしろ、マイナスに働くと「精神的に疲れる」のも事実です。

人づきあいは楽しいものばかりではありません。わずらわしい人づきあい、腹が立つ人づきあいもあります。

そのようなことで溜まったストレスを、「一人になる時間」は解消してくれます。

一人になる時間は、人づきあいで溜まった疲れを癒してくれるのです。

ですから人は、一人になる時間を大切にする必要があります。


しかし、「人づきあいがいい人」は、そのような一人になれる時間が少ないのです。

朝から夕方までいろいろな人とつきあい、夜は家族とのつきあいがあります。

一人になる時間は、トイレかお風呂に入っている時間、また寝る時間だけです。

しかし、それでは人づきあいで溜まった疲れやストレスは癒されません。

ですから、そのために心が乱れて、ちょっとしたことでキレやすくなります。

いくら人づきあいがいい人であっても、キレやすい人は結局相手から嫌われてしまうでしょう。

よき人間関係を保つためには、一人になる時間を多く取ることが必要なのです。

◉やましい行いは、心を乱す原因になる

平安時代の仏僧で、真言宗の開祖である空海が、次の言葉を残しています。

「心不浄《ふじょう》なるときは、仏を見ず」というものです。

「心不浄なるとき」とは、「心にやましいことがあるとき」という意味でしょう。

より具体的に言えば、次に挙げるものが「心にやましいことがあるとき」だと言えます。

＊うまいことを言って相手をだまし、利益を得ようとしているとき。

＊本当は自分の失敗なのに、他の人のせいにして責任逃れをしているとき。

＊自信などないのに、私に任せてくださいと虚勢を張っているとき。

＊過去に行った悪行を隠して、善人ぶったふるまいをしているとき。

＊「あなたのためを思って言っているんです」と言いながら、じつは自分の利益し

か考えていないとき。

「仏を見ず」とは、言葉通りに訳せば、「仏教への信仰を失っている状態」ということになると思います。

しかし、この言葉は、いろいろな意味に解釈できます。

たとえば、「心の安らぎを失い、もしや、やましい言動がバレてしまうことになるのではないかという不安と恐怖に苦しむことになる」といった意味にも解釈できるのではないでしょうか。

つまり空海は、この言葉で、**「自分の利益のために、やましいことを言ったり、やましい行いをするのだろうが、その結果、心が乱れ、苦しい思いをしなければならないのは自分自身なのだ」**と教えているように思われます。

仏教には「因果応報」という言葉もあります。「悪いことをすれば、その報いとして災いを受ける」という意味です。人間はやはり、ウソをつかず、人をだまさず、正直に生きていくことで、大きな安らぎを得ることができるのではないでしょうか。

◉お世辞を言わない

人に気に入られたいという気持ちから、お世辞を言うことはよくあることです。しかし、必要以上にお世辞を言うことはありません。

正直に自分の考えを表明して、それで自分のことを好きになってくれるか、それとも嫌いになるのかは相手の判断で、こちらで決めることではない、といった大らかな気持ちでいるほうがいいでしょう。

江戸時代の禅僧、宗益《しゅうえき》が、こんな言葉を残しています。

「人の恋著《れんじゃく》を惹《ひ》くことなかれ」というものです。

「恋著を惹く」とは、「相手に気に入ってもらいたいと、お世辞を言うこと」を意味しています。

そういうことをすると、心が乱れることになるのです。

仏教には、「ふだん人が口にする言葉が、その人の心の平安に強く影響する」という考え方があります。

相手に気に入ってもらいたいと、お世辞を言うということは、ある意味「心にもない言葉を言う」ことです。

ときには、「ウソをつく」こともあるでしょう。「相手をだます言葉を言う」こともあるでしょう。

しかし、そのような「真実ではない言葉」の数々は、その言葉を述べた本人の心に影響を与えます。その人の心を汚し、乱すのです。

心にもないお世辞を言った後は、何となくイヤな気分がするものです。

その「イヤな気分」が、心が汚れ、乱れた証しでしょう。

会う人会う人に、そんな「心にもない言葉」を言い続ければ、心は乱れてしまうでしょう。

心安らかに生きていくためには、必要以上にお世辞を言わないことが大切です。

◉「正直者が得をする」と信じる

やましい誘惑にかられたとしても、心動じることなく「正直な生き方」をするように心がけることが大切です。

目先の欲に、心を奪われてはいけません。

正直に生きることが、結局は自分自身の幸せ、安らぎにつながっていくのです。

「うまく相手をだませば、大きな利益を得られる」と思えるような状況でも、相手をだますようなことをしてはいけません。

強い心、動じない心で、「人をだますくらいなら利益なんていらない。今のままの生活で十分だ」と思い直しましょう。

そのほうが心安らかに暮らしていけるはずです。

相手をうまくだませて、大きな利益を得ることができたとしても、いつかウソが発覚し、得たはずの利益を取り返されることになるでしょう。

そればかりか、「あの人は、ずるい」と悪評を立てられ、誰にも相手にされなくなります。

また、「他の人のせいにすれば、自分の責任を逃れられるかもしれない」と思えたときも、他人のせいにするのはやめることです。

正直に「私のミスで失敗しました」と告白すればいいのです。

そのほうが結果的に、周りの人たちから「あの人は正直な人だ。信頼できる」という高い評価を得ることにつながるのです。

他人のせいにしても、責任逃れできるのはその場だけで、最後には「自分のミスが原因で」ということが発覚してしまうでしょう。

そうなれば周りの人たちから非難され、信頼もガタ落ちになります。

こう考えていくと、長い目で見れば、正直に生きていくほうがずっと有益だとわかってくるはずです。

結局、世の中は、「正直者が最後には得をする」ようにできているのです。

第９章のポイント

他人を自分の思い通りに
操ろうと思わない。

苦手な相手と無理に
仲良くなろうとしない。

できないことは、
動じない心で「ノー」と言う。

一人になる時間が、
人間関係の疲れを癒す。

お世辞を言わず、
正直に人とつきあう。

第10章

たくさんの人と支えあい、愛情を持って生きる

◉「お客さんとして招かれた気持ち」で生きていく

戦国から江戸初期の時代を生きた仏僧、沢庵《たくあん》和尚が残した言葉を紹介したいと思います。

「この世の人、来たと思えば苦労なし」というものです。

「この世の人」とは、「世間一般の人」という意味です。

「来たと思えば」というのは、「お客さんとなって、この世に招かれているのだと思えば」という意味です。

世間一般の人は、よく文句を口にします。妻に向かって、「料理がまずい」と文句を言います。

沢庵和尚は、「そういうときには、自分はお客さんとなってこの世に招かれている、という気持ちになってみればいい」と教えているのです。

知り合いの家に招かれたときには、たとえ出された食事がおいしくなくても、文句など言いません。遠慮して、「おいしいですね」と相手をほめます。

また、上司に向かって、「エアコンもきいていない、こんなひどい職場環境では仕事になりません」と文句を言いたいときも同じです。

取引先の会社へ招かれたときは、たとえエアコンがきいていなくても、文句など言わないでしょう。

何事につけても、そのように「お客さんとなって招かれているのだ」と思えば、心に不満など生じないと思います。

その上、誰かに文句を言うこともなくなります。心乱されることなく、動じない心で生きていけるでしょう。

沢庵和尚のこの教えには、そういう意味があります。

「苦労なし」とは、「不満に思う気持ちがなくなる」という意味です。

誰かに文句を言いたくなったら、この沢庵和尚の「来たと思えば苦労なし」という言葉を思い出してみましょう。

◉「愛される」ことよりも「愛する」ことを優先する

「愛を離れれば、心の乱れを取り除き、憂いなく生きていけます」

この言葉は、ブッダが原始仏典である『法句経』の中で述べているものです。

ここに出てくる「愛」という言葉ですが、これは「家族や友人に寄せる愛」、あるいは「人類愛」といった意味ではありません。

これは、自分が愛することに執着するという意味もあります。しかし、もう一つ「自分が他人から愛されたいと思う、強い欲望」をも意味しています。

ブッダは、この「愛されたい」という気持ちが強まると、心が乱れ、寂しさ、苦しみ、悲しみといった感情に悩まされるようになる、と教えているのです。

「愛されたい」という気持ちが強まっていくと、他人の心を疑うようになります。

「この人は、本当に私を愛してくれているのだろうか」

「私は、誰からも愛されていないのではないか」

「みんな、なぜ私のことを無視するのか」

「なぜ、もっと私を大切に扱ってくれないのか」

このような疑いの気持ちがあると、心が乱れ、否定的な感情に苦しむようになってしまいます。

この苦しみから逃れるためには、愛の方向性を逆転させる必要があります。**「愛される」ことを望むのではなく、「愛する」ことを優先するのです。**

「愛される人」になろうと思うのではなく、「愛する人」になることを目指すのです。

「愛される喜び」ではなく、「愛する喜び」を優先させるのです。

そうすれば心の乱れが静まり、満ち足りた気持ちで生きていくことができます。

「人を愛する生き方」は、自分がそう生きると決心すれば、すぐに始められます。

愛の方向性を変えていくことが、心の乱れを防ぐのです。

◉人と自分を比べて、どちらが幸せか考えない

人はつい、他人と自分を見比べてみて、どちらが幸福かを考えてしまいます。

しかし、それが原因で心が乱れることも多いようです。


たとえば、こんなケースがあります。

ある女性は、結婚退社した後、久しぶりに昔の職場の同僚だった女友だちに会いました。友だちも、今年結婚したばかりでした。

お互いの夫の話をしている中で、友だちの夫のほうが、自分の夫よりもずっと給料が多いことがわかりました。暮らしぶりを聞いてみても、自分が暮らしているところよりも、ずっと都会の、高価なマンションで暮らしていることがわかりました。自分よりも友だちのほうがずっと幸せそうに思えました。

それ以来、彼女の心は大いに乱れました。

「あんな夫と結婚して、本当によかったのか」

「他に、私をもっと幸せにしてくれる人がいたのではないか」

「あんな人と結婚しなければよかった」

このように、後悔の念が頭の中を駆けめぐってしまうのです。

その結果、夫との関係も悪くなっていって、ついに離婚してしまったそうです。

しかしその後、彼女は「もっと自分を幸せにしてくれる」再婚相手には恵まれず、いまだに独身でいるのです。


下手に自分と他人を比べると、心が乱れる原因を作り出し、この彼女の例のように、結婚人生に失敗をもたらす場合もあります。

結婚相手と幸せに暮らすためにも、大切なのは「動じない心」です。

他人の伴侶と、自分の伴侶を見比べるから、心が乱れるのです。

見比べるのをやめれば、心を惑わされることなく、一人の相手とずっと幸せに暮らしていけるのではないでしょうか。

◉他人の人生を「うらやましい」と思わない

自分は自分、他人は他人です。

しかし往々にして、「他人の人生をうらやましい」と思う気持ちから、心が乱れ、自分の人生を見失って、みずから不幸を招いてしまうケースもあるようです。

ある若い男性の話を例として挙げます。

彼は三〇代後半ですが、すでに六回も転職しました。そのあげくに、再就職する会社がなくなって、今はアルバイトで生活をしています。

彼は、友人や知りあいの話から「僕よりも給料の高い会社で働いている」「僕が担当する仕事よりも、やりがいがありそうな仕事をしている」「僕よりも、いい上司、いい同僚に恵まれている」といった状況を聞くたび、「他人の会社がうらやましい」という気持ちを抑えられなくなってしまいます。その結果、衝動的に働いている会社に辞表を出して、新しい再就職先を探すことになっていたのです。

とはいえ、景気が低迷している現在、そうそう条件の整った会社はありません。

新しく就職した会社にも満足できず、また他人が働く会社がうらやましくなり、六回も転職を繰り返しました。

今も再就職先を探しているのですが、年齢が四〇歳近くなり、雇ってくれる会社もなくなりました。また、六回も転職を繰り返していることが、相手先の会社の人事担当者に不信感を与えてしまっているらしく、毎回面接ではねられてしまうそうです。

結局、現在のアルバイトで得る給料は、最初に入った会社の初任給の半分、仕事もやりがいのないものだと言うのです。


下手に他人の人生をうらやましく思うのはやめ、「自分は自分、他人は他人」と、割り切って考えることで、「動じない心」が身につきます。

転職することがすべて悪いとは言いませんが、自分の人生をじっくりと見つめ、腰をすえて生きていくことが、幸せを手に入れるために大切なのではないでしょうか。

◉心が疲れていると、被害者意識を持ちやすい

仏教に「亀毛兎角《きもうとかく》」という言葉があります。「甲羅に毛の生えた亀、頭に角が生えた兎《うさぎ》」という意味です。

現実には、そんなカメやウサギなど存在しません。しかしながら、「心が疲れ、心が乱れた状態では、そのようなカメやウサギが存在するという妄想に、人の心はとらわれてしまう」という意味です。

そのような事実などないのに、「職場の同僚たちが、私の悪口を言っている。私の仕事を邪魔している」と思うのは、「カメの甲羅に毛が生えている」と思い込むのと同じです。

まったく批判などないのに、「私はみんなからイヤがられている」と悩むのは、「ウサギに角が生えている」と思い込むのと同じなのです。

仏教は、人がそのような被害者意識にとらわれる最大の原因は「欲」だと教えています。

それは、「人から認められたい。好かれたい」という強い欲です。

このような欲が、あまりに強くなりすぎると、「私は誰からも認められていないのではないか」「私に好感を持ってくれている人など、誰一人いないのではないか」という不安感が増していって、「私は意地悪をされている」「私は迷惑がられている」といった意識にとらわれてしまうと、仏教は教えています。

ですから仏教は、「欲を捨てなさい」と考えます。

「周りに認められなくても、好かれなくても、自分らしく幸せに生きていければいいじゃないか」と、欲を捨てて発想の転換をすれば、被害者意識に心が揺さぶられることはなくなるでしょう。

この仏教の教えも、動じない心で生きていくために、参考になるのではないでしょうか。

◉劣等感も「自分の立派な個性だ」と考える

劣等感に心を惑わされる人が多くいます。

「見た目が悪い」

「学校での成績がよくない」

「貧乏な家に生まれ育った」

「学歴が低い」

劣等感は人それぞれ、様々なものがあります。

しかし、それがもたらす心理的な影響には、共通したものがあるようです。

＊人と楽しくつきあっていくことができなくなって、一人でいることが多くなる。

＊親や兄弟をうらむようになる。その結果、家庭の中でも孤立してしまう。

＊仕事や、日頃の活動に前向きに取り組めなくなり、「自分は何をやってもダメな

んだ」と落ち込む。

その結果、人生がどんどんマイナスの方向へ傾いていってしまうのです。

「自分には、他人に比べて劣っている部分がある。そのために自分は幸せになれない」という劣等感に心を惑わされないようにするには、「劣っているのではない。それは自分の個性なのだ」という考えを持つことです。

たとえば、テレビで活躍するお笑い芸人には、「見た目がいい」人が少ないように思います。正直に言って「見た目が悪い」人のほうが多いかもしれません。

しかし彼らは、「見た目が悪い」ことを劣等感にするのではなく、むしろ自分の個性として、そこから観客の笑いを取る方法を知っているのです。

人が劣等感を感じているものは、やり方によっては、その人の個性、強みになっていくのです。

「人と比べて劣っている部分」を個性や強みにできれば、もはや心が動じることはありません。むしろ、それを誇りに思って生きていけるのです。

◉自分にも他人にも、心やさしい言葉を使う

ブッダは、『法句経』という原始仏典の中で、「自分を苦しめる言葉を言ってはいけません。他人を苦しめる言葉を言ってはいけません」と教えています。

それが、「動じることのない、大きな安心感に包まれて生きていくための大事な約束なのだ」とも述べています。

「私はダメな人間なんだ」「おまえみたいなダメ人間は見たことがない」
「私は、みんなの邪魔者なんだ」「あなたなんて邪魔だから、出ていってくれ」
「私なんて死んだほうがマシだ」「おまえなんて死んでしまえ」
「私って、みにくい人間だ」「あなたみたいな、みにくい人間がいたのか」

このような人間性を否定する言葉、能力を疑うような言葉、容姿を非難する言葉は、

自分のためにも、また相手のためにも使わないようにしたいものです。

この種の言葉を自分に向かって使えば、自分自身の心が激しく乱れることになるでしょう。

人に対して言えば、相手の心が大きく傷つきます。

自分自身にも、そして他人にも、心が癒される、安心できる、やさしい気持ちになれるような言葉をたくさん使うように心がけることです。

そういう心がけを持つことで、深い安らぎに満たされていくでしょう。

周りの人たちとの人間関係も、大きな愛情に包まれていくはずです。

◉人が言ってくれることを、頭から疑ってかからない

仏教のことわざに、「疑えば華《はな》開かず」という言葉があります。

「華」とは、ここでは「心」という意味に理解できます。「華開かず」とは、「心が開かない」という意味でしょう。

言葉全体の意味としては、いくつか解釈の仕方があります。

「人を疑えば、お互いに心を開いてつきあってはいけない」

「人が親切から言ってくれることを疑えば、心がマイナスに傾いていくばかりだ」

「賢人の教えを疑えば、心が迷いから解き放たれることはない」

短くまとめると、「人の言うことを頭から疑ってかかるのではなく、相手の言葉をよく検証してみよう」ということになるのではないでしょうか。

人の言葉を疑うのは、「だまされて損をしたくない。みじめな思いをしたくない」という警戒心が働くからでしょう。

もちろん、警戒心は必要です。

しかし、人の言葉にたえず警戒心を働かせていては、精神的に疲れてしまいます。いつも神経をピリピリさせていなければなりませんから、ストレスも溜まります。また、心の通いあう、いい友だち、いい仲間、いい恩師を持つこともできないでしょう。そのために、寂しい思いをしながら生きていかなければならなくなり、その孤独感が心を乱す大きな原因になるでしょう。

ですから、あまり親しくない人と接する時は、**「だまされることになるのではないか」といった警戒心を持ちつつも、とりあえずその人の言うことを最後まで聞いてみるのがいいでしょう。**

人が言うことを頭から疑うのではなく、よく検証して人とつきあっていくほうが、安心感を持って生きていけるのではないでしょうか。

また、そうしたほうが、人から多くの知恵を学べることにもなります。

第10章のポイント

「お客さんとして招かれている」
気持ちで、この世を生きる。

「愛される」ことを求めるよりも、
「愛する」ことを優先する。

人と自分を見比べずに、
自分らしい生き方を実践する。

「心の疲れが、心の乱れの
原因になる」と知っておく。

劣等感を大切にしていけば、
それが自分の個性となる。

第11章

生きがいを持つと動じなくなる

◉一度きりの人生なので生きがいを持つ

仏教用語に「盲亀《もうき》の浮木《ふぼく》」という言葉があります。

海に目の見えない亀が住んでいて、百年に一度だけ、水面に出てくる。

水面にはたまたま流木が浮いていて、一つの穴があいている。

亀がその穴に首をつっこむことはめったにありえない。

それができたら奇跡的なことである。

つまり、この世に人間として生まれることは、亀が流木の穴に首をつっこむこと以上に奇跡的なことであり、大変ありがたいということを説いているのです。


その通りといっていいでしょう。

私たち人間は奇跡的な確率、天文学的な確率で生まれてきました。

私たちが生きているのは、両親、祖父母……といった多くのご先祖様のおかげです。

もし、そのうちの一人でも、結婚して子供を作るまえに亡くなっていたら、当然、私たちはこの世に生まれることはありませんでした。

これはもう、亀が流木の穴に首をつっこむ以上の確率です。

したがって、小さなことで悩んだり、落ち込んだり、苦しんだりするなどして、心を乱すのは時間のムダというものです。**たった一度きりの奇跡的な確率の人生を、悔いなく、有意義に、大切に生きたい**ものです。

そのためには生きがいを持つといいと思います。

生きがいがあると、毎日が楽しく、充実した生活が送れるようになります。

そちらに意識が向くため、心が明るくなり、マイナスに傾く頻度も減ります。

その結果、多少のことでは、心が動じなくなります。

むしろ、「いいことを思えば、いいことが起こる」と考えていると、人生にいいことがたくさん起きるようになるでしょう。

◉願望を生きがいとリンクさせる

生きがいを持つと、毎日が楽しく、充実した生活が送れるようになります。しかし、「生きがいがない」「何を生きがいにしていいか、わからない」という人もいると思います。

そういう人は**「将来、こうなりたい」「いっか、こうしたい」といった願望を掲げてみる**ことをお勧めします。

願望といっても、おおげさに考える必要はありません。興味や関心のあることに目を向ければいいのです。

小説を書きたい人は、電子書籍を出すことを願望にしてもいいでしょう。

温泉に入るのが好きな人は、ほんの少しだけ節約して、二~三カ月に一度、全国の温泉めぐりを楽しむのを願望にしてもいいでしょう。

ギターを趣味としている人ならば、ギターがもっと上手に弾けるようになり、ミニコンサートを開くことを願望にしてもいいでしょう。

　では、願望を持つと、なぜそれが生きがいへと転化するようになるのでしょうか。それは願望があると、未来に対して希望が持てるため、楽しい気分でいられることが関係しています。要するに、日々の生活に張り合いが生まれ、それが生きがいへと転化していくわけです。

　ただ、願望を掲げても、思い通りにいかないと、心が乱れてしまうこともあります。そうならないためには、願望を一つだけでなく、複数持つといいと思います。

　たとえば、電子書籍を出すことを願望として掲げても、筆が進まないと、どうしても平常心を失いがちです。しかし、もうひとつ全国の温泉めぐりを楽しむという願望があれば、意識をそちらに向けることができるため、それが励みになり、心の乱れを最小限に抑えることができます。

　ましてや、実際にどこかの温泉地に行くことができれば、「次はこの温泉地に行こう」というように、ますます人生に張り合いが生じるに違いありません。

◉何かを始めるのに遅すぎることはない、と考える

何か新しいことを始めるのに、遅すぎるからとあきらめる必要はありません。「こうなりたい」「こうしたい」と思えば、今からでも十分に間に合うのです。

ところが、願望を掲げても、断念してしまう人が少なくありません。

「バレエを始めたいが、自分はもう年だし、体も硬いから……」

「海外で仕事をしたいが、英語がしゃべれないから……」

これでは、ダメ意識にとらわれ、心も乱れるだけです。

しかし、**本気でそうなることを望めば、人生はその人の望んだとおりに展開するかもしれないのです。**

実際、六〇歳を過ぎて、バレエを始めた人もいます。

学生時代、英語がからきし苦手で、テストの点数はいつもクラスで最下位だったに

もかかわらず、社会人になってから海外で仕事をするようになった人もいます。

したがって、「こうなりたい」「こうしたい」と思ったら、すぐに実行に移すことです。

しかし、年を重ねてから「行政書士になりたい」と願っても、試験に落ちることもあるでしょう。

そういうときも、「今日が再スタートの日だ。もう一年勉強ができるし、来年の試験はうまくいく」「今日からまた勉強の仕方を練り直せばいい。もっといいものができる」と自分に言い聞かせるようにするのです。

そうすれば、動じない心を取り戻し、新たな挑戦をすることができるでしょう。

◉「できない」のではなく「やっていないだけ」と考える

私たちは子供のころ、「大人になったらパイロットになりたい」「プロ野球（サッカー）の選手になりたい」「花屋さんをやりたい」と夢や憧れを抱いていたものです。しかし、大人になるにつれ、多くの人のそうした夢は薄れてしまい、どこかに吹き飛んでしまうのです。

常識や固定概念といったものに惑わされたり、まわりの人から「現実は厳しい。無理に決まっている」と言われつづけたりするうちに、心が動揺してしまい、自分でも本当に「できない」「不可能」と思うようになってしまうからです。

自縄自縛《じじょうじばく》という、仏教の教えが由来の言葉があります。

直訳すると、「自分の縄で自分を縛る」となりますが、それが転じて「自分の勝手な思い込みによって、自分の可能性を閉ざしている」ということを説いています。

大人になるにつれ、夢を掲げても「できない」「不可能」と思うようになってしまうのは、まさしく自縄自縛以外の何物でもないといっていいでしょう。

また、仏教には「虚仮《こけ》の一年、岩をも通す」という格言があります。

虚仮とは思慮の浅い人、能力がない人のことをいい、そういう人間でも心を込めて一つのことを行えば、固い岩を貫通するかのように、必ず成し遂げることができるという意味です。

そういう意味で、やらないうちから「できない」「不可能だ」とあきらめないで、まずやってみることが必要です。

言い換えると、**できないのではなく、やっていないだけのことなのです**。やってみれば、事前に思っていたほど、たいしたことがなく、意外と楽々とクリアできるかもしれないのです。

やってみなければわからない――そう自分に言い聞かせれば、「できない」「不可能だ」といって心を乱すこともなくなるでしょう。

◉自分は必要とされていると思うと、生きがいが持てる

「私は何をやってもダメ。価値のない人間だ」
「自分なんか、いてもいなくても変わらない」

こういう気持ちで仕事をしている人が少なくありません。でも、それだと心が乱れるばかりで、生きる張り合いもなくなります。

そう思っている人のために、インドに古くから伝わる寓話を紹介しましょう。

あるとき、一頭のゾウが仲間たちとはぐれ、迷子になり、サルたちが暮らす村へ迷い込んでしまいました。

しかし、サルたちは誰もゾウには近寄ろうとはしません。その理由をゾウが尋ねると、サルたちはこう答えました。

「図体の大きいあなたに近寄れば、押しつぶされそうで危険な目に遭いそうだからだ」

ショックを受けたゾウはサルの村を出て、今度はリスたちが暮らす村へ行きました。するとリスたちはみんな嬉しそうにゾウに近寄ってきました。その理由をゾウが尋ねると、リスたちはこう答えたのです。

「図体の大きいあなたのそばにいれば、われわれを襲う外敵から守ってくれるかもしれないと思ったからです。これから、われわれと一緒に暮らしませんか」

そのようにしてゾウはリスの村で幸せに暮らしたといいます。

人間も同じです。**自分は必要とされていないと思っても、どこかで誰かが必ず、その人のことを必要としています。**役立たずの人間など、この世に一人も存在しません。

ブッダは「人は誰かの役に立つために生まれてきた」と言いましたが、日々、取り組んでいる仕事自体が、すでに誰かの役に立っている可能性も十分あります。

そのことに気づけば、仕事に生きがいが持て、多少、仕事でイヤなことがあっても、動じない心で暮らしていけるようになるでしょう。

◉自分の強みを日課として取り入れると、日々の生活に張り合いが生じる

誰にでも「これだけは得意だ」「これだけは自信がある」というものがあります。仕事であれば、セールストークに長けている、計算が早い、企画書やレポート作成だけは自信がある等々。

プライベートであれば、ピアノが弾ける、ケーキを作るのが得意である、フランスに留学していたのでフランス語がしゃべれる等々。

生きがいが見つからないという人は、そうした自分の強みを日課として取り入れるといいと思います。

曹洞宗の開祖・道元にまつわる話です。

道元が宋の国(今の中国)にわたり、高僧のいるお寺を訪ねると、一人の老人が汗をぽたぽたと流しながら、シイタケを干しているのが目に入ってきました。

どうやら高僧のようです。そこで道元が「そういう仕事は若い修行僧に任せたらどうですか？」と言うと、高僧はこう答えました。

「他は是れ吾れにあらず」

直訳すると「他人は私ではない」という意味になりますが、次のようなことを言いたかったのです。

「シイタケを干すのは誰にでもできるが、どの程度の日差しのときに、どれくらいの時間干せばいいのかは、私がいちばんよく知っているし、得意としていることだ。また、これが日々の生活の張り合いにもなっている。だから他人(若い修行僧)ではなく、私でなければダメなのだ」

この話にもあるように、**「これだけは得意だ」「これだけは自信がある」というものを持ち、それを日課として取り入れれば、日々の生活に張り合いが生じるようになります。**すると、生きがいの創造にもつながり、不快なことがあっても、心が動じる頻度が激減するようになるのです。

◉使命に目覚めると、生きがいを感じることができる

仏教の開祖、ブッダにまつわるこんな話があります。

ある山にキコリが住んでいました。

男は毎日マジメに仕事に取り組んでいましたが、あるとき崖《がけ》から落ちてしまい、大ケガをしてしまいました。もう、キコリの仕事はできそうにもありません。失望と落胆に明け暮れた男は通りかかったブッダに「生きていても、足が不自由だし、みんなの迷惑になるだけです。私はゴミのような存在なのでしょうか」と尋ねました。

すると、ブッダは次のように答えたのです。

今のおまえは、あそこにある虫の死骸のようなものだ。

しかし、みんなの迷惑になるだけだろうか。ゴミのような存在だろうか。

そんなことはない。あの虫の死骸はいずれ土に還《かえ》る。

土に還れば、土の養分となり、それによって野菜が育つ。

その恩恵をわれわれ人間も受けている。これは存在価値以外の何物でもない。

虫の死骸にも存在価値があるとしたら、足を痛めたおまえにも、存在価値があるはずだ。


つまり、ブッダは生きとし生けるモノには、たとえ死んだとしても何かしらの使命があり、そのことに気づくための大切さを男に教えようとしたのです。

ブッダの言葉に生きる希望を見出した男は、その後、家具職人となり、幸せに暮らしたといいます。

私たちも同じで、この宇宙から使命を与えられています。それをまっとうするために、この世に生まれてきました。

そのことに気づけば、生きる張り合いが生まれ、動じない心で、毎日を有意義に過ごしていけるようになるでしょう。

◉人に喜びを与えることを習慣にする

「自利利他」という仏教用語があります。

自利利他の利とは幸せや喜びのことを意味し、「自利」は自分が喜びを感じること、「利他」は他人が喜びを得ることを表してします。

この自利利他は、昔から商人道などでは、よくいわれていることで、近江商人の「三方よし」がその好例です。

三方よしの「三方」とは「売り手よし」「買い手よし」「世間よし」のことです。売る人も喜びを感じ、買う人も喜びを感じ、世間の人たちも喜びを感じる商売をすることです。

また、人を喜ばせると、自分も喜ぶ、とも言っています。

では、他人を幸せにして喜びを与えることが、なぜ、自分の生きがいにつながるのでしょうか。それは他人を幸せにして喜びを与えると、相手は笑顔になり、自分が感謝されることが関係しています。

他人の笑顔はいつ見ても、気持ちがいいものです。加えて、感謝されれば、自分の承認欲求も満たされるため、自分の存在価値も高まります。

また、困ったときなど、相手が応援・協力・援助してくれるため、心もそれほど動じなくなります。

このような効果によって、喜びや生きがいが感じられるわけです。

したがって、**他人を幸せにすることを習慣にすることが大切です。**

誰に対しても、ほめ言葉を口にする。

誰に対しても、笑顔で接する。

頼まれごとには、気軽に応じてあげる。

困っている人がいたら、相談に乗ってあげる。

仕事の知識やノウハウを相手のために惜しみなく提供する。

このようなことを習慣にすれば、心の乱れがなくなるだけでなく、誰からも好かれるようになるに違いありません。

第１１章のポイント

たった一度きりの人生を、
生きがいをもって大切に過ごす。

新しいことを始めるのに、
遅すぎることはない。

「できない」「不可能だ」と
あきらめず、やってみる。

自分を必要とする人や場所が
必ずあると信じる。

自分と他人、両方を大切にすると
生きがいがもてる。

おわりに

中国に古くから伝わる逸話《いつ》を紹介しましょう。

一人のある貧乏人が高僧にこう尋ねたことがありました。

「私は貧乏暮らしにほとほと疲れてしまいました。心穏やかに生きるためには、どうすればいいのでしょう」

すると、高僧はその貧乏人に向かってこう尋ねました。

「そんなに貧乏暮らしがイヤなら、おまえに金銀財宝をたくさんくれてやろう。その代わり、おまえの両目と交換条件だ」

この言葉に貧乏人はたじろいでしまい、返す言葉がありません。

しばしの沈黙の後、高僧は貧乏人にこう教え諭《さと》したのです。

「貧乏暮らしに疲れたというが、おまえには金銀財宝に替えがたい目があるではないか。目が見えるではないか。おまえはけっして不幸者ではない」

心穏やかに生きるためには、当たり前のことに対して感謝する気持ちを持つことが大切である。そのことを目の例えを出すことで高僧は言いたかったのです。

現代を生きる私たちも同じで、当たり前のことに対して感謝する気持ちを忘れがちです。

ご飯が食べられること、コンビニで好きなときに好きなモノが買えること、電車やバスなどの交通機関で行きたい場所に行けること等々。

もし、ある日突然、ご飯が食べられなくなかったら、コンビニがなくなってしまったら、電車やバスなどが動かなくなってしまったら、どうなるでしょう。

それこそ、一大パニックになると思います。

それを思うと、日々の暮らしがありがたく思え、今抱えている悩み、苦しみ、怒り、悲しみはたいしたことのないように思えてくるのではないでしょうか。

今の恵みに感謝して、日々、明るく、楽しく、朗らかに生きていけば、何事にも動じずに生きていけると思います。

本書は、『人生がうまくいく！「動じない心」の作り方』（マイナビ文庫／2013年刊）を加筆修正したものです。

植西 聰（うえにし あきら）

東京都出身。著述家。
学習院高等科・同大学卒業後、資生堂に勤務。
独立後、人生論の研究に従事。
独自の『成心学』理論を確立し、人々を元気づける著述活動を開始。
1995年、「産業カウンセラー」(労働大臣認定資格)を取得。

＜主な著書＞（ベストセラー）
・「折れない心」をつくる たった1つの習慣（青春出版）
・平常心のコツ（自由国民社）
・「いいこと」がいっぱい起こる！ブッダの言葉（三笠書房・王様文庫）
・マーフィーの恋愛成功法則（扶桑社文庫）
・ヘタな人生論よりイソップ物語（河出書房新社）
・「カチン」ときたときのとっさの対処術（ベストセラーズ・ワニ文庫）
・運がよくなる100の法則（集英社・be文庫）
・「運命の人」は存在する（サンマーク出版）
・願いを9割実現する マーフィーの法則（KADOKAWA）

＜近著＞
・なんだか毎日うまくいく100のヒント（青春出版）
・今日の自分を強くする言葉（青春出版）
・心の免疫力（笠間書院）
・くじけない心のつくりかた（あさ出版）

増補新版
人生がうまくいく！「動じない心」の作り方
2024年4月25日　初版第1刷発行

著　者　　植西 聰
発行者　　角竹輝紀
発行所　　株式会社マイナビ出版
〒101-0003　東京都千代田区一ツ橋2-6-3 一ツ橋ビル 2F
TEL：0480-38-6872（注文専用ダイヤル）
TEL：03-3556-2731（販売部）／03-3556-2735（編集部）
E-mail：pc-books@mynavi.jp
URL：https://book.mynavi.jp

印刷・製本　　中央精版印刷株式会社

ISBN978-4-8399-8638-4
Printed in Japan

MYNAVI BUNKO

シンプルに豊かに暮らすヒント

奥中尚美 著

暮らしを大切にするインスタグラマーのエッセイ集

好きなものをていねいに慈しみ、何気ない日々を大切にしている神戸在住の著者が、「自分らしく暮らす」ためのヒントを紹介します。

暮らしを豊かにする日用品や、心と身体を満たす食事、すっきりを持続できる家事の工夫、小さな空間でも楽しめるインテリアなど、役に立つ情報が満載です。

美しい写真も多く掲載されており、季節の移ろいの素晴らしさを感じることもできます。

定価　1,078円（税込）

M Y N A V I **B U N K O**

日本のふくもの図鑑

上大岡トメ、ふくもの隊 著

47都道府県の縁起物をおふくわけ

縁起がよくて、かわいくて、美しい「ふくもの＝縁起物」。こけし、だるま、招き猫、赤べこなどの有名なものから、こんなの知らなかった！と誰かに教えたくなるようなユニークなものまで、多岐にわたります。
日本全国47都道府県ごとの「ふくもの」や、それにまつわる由来や童話などを、かわいいイラストやマンガとともにたっぷりご紹介します。

定価　968円（税込）